KB135364

한국인의 어른에 대한 올바른 존중

유교의 전통과 현대의 표현

Korean Ways of Treating Seniors with Respect

Confucian Tradition and Modern Expressions

———

Kyu-taik Sung
Center for Filial Piety Culture Studies
Socio-Economic Society, Inc.
Seoul, Korea

Korea Studies Information Company, Ltd.
Republic of Korea

한국인의 어른에 대한 올바른 존중

유교의 전통과 현대의 표현

성규탁 지음

이 책에 대해서

　우리는 올바르게 살기 위해 예절을 지키는데 많은 에너지를 쓰고 있다. 예절의 기틀은 사람 관계에서 서로 존중하는 것이다. 이런 관계는 부모 자녀 관계에서 시발하여 이웃, 사회의 어른과 성원을 존중하는 관계로 확장된다. 시대의 변동에 따라 존중하는 방식이 변하고 있다. 하지만 어른존중에 관한 자료는 희소하다. 이 책은 전통적 어른존중의 원리, 새 시대의 존중방식의 유형, 이를 일상생활에서 실행하는 구체적 방법, 이 실행이 우리의 문화적 맥락에서 이룩하는 바람직한 실상을 전통적 및 현대적 자료를 바탕으로 자세히 밝혀 놓았다.

머리말

　우리 겨레는 부모와 어른 그리고 사회 성원을 존중하는 가치를 오랜 세월 동안 실현해 왔다. 동아시아의 한국인, 중국인, 일본인을 포함한 민족들이 공유하는 문화적 가치이다. 사람을 존중하는 가치는 우리의 일상적 예절을 지키고 사회관계를 안정시키는 힘이 되어 왔다. 하지만 가족구조의 변화, 가족원 수의 감소, 잦은 주거지 이동과 세대간의 별거, 자유주의적 생활 태도의 확산, 급증하는 고령화 등 대변동은 전통적 가치를 퇴색시키고 부모와 어른에 대한 윤리 도덕적 의식을 흐리게 하는 조짐을 보인다.

　역사상 전례가 없는 이러한 변동 속에서 부모와 어른을 존중하는 실상을 재조명, 재음미하여 바람직한 세대 관계를 재정립할 필요가 커지고 있다. 우리가 다루어야 할 미증유의 도덕적 과제이다.

　부모와 자녀, 어른과 젊은 사람 사이의 관계를 유지하는 기본적 가치는 서로 존중하는 것이다. 부모를 포함한 어른의 신분을 높이고, 이분들을 사회에 통합하여 인간중시적 돌봄을 제공하기 위해서는 먼저 이분들을 존중해야 한다. 하지만 이분들의 문제를 논의하는 데 있어 존중의 주제는 거의 거론되지 않고 있다. 수단적이고 물질적 차원에 치중하여 정서적이고 내면적 차원인 존중에 대해서는 대단한 관심을 두지 않는 경향이다.

젊은 세대가 어른을 존중하며 돌볼 의지를 가지고 있는가, 그렇다면 어떠한 행동 방식으로 이분들을 존중하는가, 그 실상을 탐사할 필요가 있다. 그리고는 부모와 어른이 자녀와 젊은 사람들을 존중하는 방식도 아울러 살펴보아야 한다.

존중하는 방식에 대한 체계적인 조사가 희소하다. 존중은 막연하고 추상적인 개념으로 다루어져 구체적 실행방식이 알려지지 못하고 있다.

이 책은 어른존중의 전통적 방식과 현대적 방식을 체계적으로 조사한 결과를 해설, 논의한다. 전통적 존중방식을 유교 문헌에서 가려내어 어른존중의 뜻을 음미하고, 아울러 오늘의 젊은 성인들이 어른을 존중하는 실태를 조사하여 현대적 존중방식을 식별하여 해설한다. 그리고는 전통적 방식과 현대적 방식의 연관성과 변동성에 대해서 살펴본다.

제1장에서는 부모 자녀 관계의 특성, 부모와 어른존중에 대한 유교적 가르침, 부모존중의 윤리적 차원, 인간존중 사상에 대해서 논의한다.

제2장에서는 유교 문헌에서 분류한 전통적 존중방식과 사회조사를 통해 식별한 현대적 존중방식을 소개한다.

제3장에서는 이 방식들이 한국 문화적 맥락에서 뜻하는 바와 실천되는 상황을 자세하게 밝힌다.

제4장에서는 새 시대에 어른존중 방식이 실천되어 나갈 방향을 모색하고, 이 방식들이 수정, 변화하고 있는 실상, 그리고 이 변화가 부모와 어른을 위한 돌봄에 미칠 수 있는 영향을 살펴본다.

부모를 비롯한 어른에 대한 존중이 중요함은 이 가치가 예의 기본이고 윤리 도덕적 규범이기 때문만이 아니라 이분들이 필요로 하는 돌봄과 직접적인 관련이 있기 때문이다.

2019년 5월 11일
성 규 탁

목차

PART 1　부모존중

PART 2　어른을 존중하는 방식

PART
1

부
모
존
중

1

부모존중의 시발

우리 문화에서는 다른 사람을 예의 바르게 대하는 덕목을 매우 중요시한다. 사회관계에서 지켜져야 할 기본적 요건은 예(禮)이기 때문이다.

일찍이 유교적 예에 대한 가르침을 선도한 공자는 부모를 예로써 대접할 것을 역설하였다. 예에 대한 공자의 가르침의 핵심은 부모와 어른을 비롯한 사람들을 존중하는 것이다.

공자는 예를 다음과 같이 설명하였다.

"사람이 예가 있으면 편안하다…무릇 예라는 것은
자기를 낮추고 남을 높이는 것을 원칙으로 한다"(『예기』, 곡례 상).

인간관계에서 남을 존중하라는 가르침이다.

공자는 예를 이루는 데 지켜야 할 기본적 가치로서 인(仁)을 들었다. 인은 부모를 존중하는 데서 비롯된다. 예의 시발이요 기본이다.

이 점에 대해서 공자의 수제자 맹자는 다음과 같이 말했다.

"인의 실제는 어버이를 섬기는 것이다"(『맹자』, 이루 상 27).

효를 가장 많이 논구한 공자의 제자 증자도 역시 효의 중심은 존중임을 다음과 같이 밝혔다.

> "사람의 행실에 있어서 효보다 큰 것은 없다. 효 가운데서도 부모를 섬기는 것보다 더 큰 것은 없다"(『효경』, 성치장 1).

[참조: '섬기다'(윗사람을 잘 모시어 받들다)를 '존중'(높이어 귀중하게 대함)과 유사한 뜻으로 해석함.]

위와 같이 거유(巨儒, 대유인)는 모두 존중이 효의 핵심이 됨을 분명히 하였다. 이처럼 예를 이루는 인은 부모 자녀 사이의 인간 사회에서 가장 친밀하며 가장 깊은 정으로 찬 자연적인 관계에서 시작되는 것이다.

사람을 존중한다 함은 다른 사람을 높이어 그의 사람됨과 말과 행동을 소중히 여기면서 돌보아 주려는 뜻을 간직하는 것이다. 사람과 사람과의 관계에서 이루어지는 남을 존중하는 예의 실행이다.

2

불변하는 부모 자녀 관계

부모는 아래와 같은 이 세상에서 가장 귀한 은혜를 자녀에게 베푸신다.

* 낳아 주신 은혜(생산의 은혜)
* 길러 주신 은혜(양육의 은혜)

부모는 자녀에게 가장 귀중한 몸을 남겨주었을 뿐만 아니라 자녀가 성인으로 성장하는 오랜 기간에 걸쳐 끝없는 사랑과 관심으로 음식, 의복, 주거, 양호, 교육 등 온갖 유형의 정서적 및 물질적 돌봄을 제공한다. 우리 사회의 부모는 다른 나라의 부모보다도 이 점에서 더 뛰어나다.

부모 자녀 관계는 매우 특수하여 세월이 흘러도 결코 변치 않고, 아무도 감히 끊을 수 없다. 이 관계는 깊은 존중과 애정 그리고 측은지심으로 차 있으며, 어질고 너그러운 인간존중가치가 발현되는 관계이다. 이러한 특수한 관계를 맺은 부모와 자녀는 또한 존중과 돌봄을 주고받는 관계를 간직하고 있다.

이러한 관계를 조선 유학의 중심인물인 퇴계(退溪 李滉)가 자세히 밝혔다. 즉, 퇴계는 부모가 자녀를 돌보는 것과 자녀가 부모를 돌보는 것이 서로 연계되어 있음을 다음과 같이 설명했다.

> "부모가 자녀를 사랑하며 돌보는 것을 자(慈)라 이르고, 자녀가 부모를 섬기며 돌보아 드리는 것은 효(孝)라고 한다"
>
> (이황『퇴계집』, 무진육조소).

[참조: '섬기다'는 사전에 '공경하며 받들어 모시다'로 기술되어 있음. 즉 '존중하다'와 '받들어 돌보다'의 상호 연관된 뜻을 담고 있음.]

이어 퇴계는 이러한 자(慈)와 효(孝)의 부모 자녀 간의 도리는 인간이 본디 가지는 천성(天性)에서 나온 것으로서 모든 착함의 으뜸이니, 그 은혜가 지극히 깊고, 지켜야 할 도리로서 지극히 무거우며, 그 정(情)이 가장 절실하다고 했다(『퇴계집』, 무진육조소; 금장태, 2001: 231).

위의 가르침은 부모와 자녀가 서로 섬기며 사랑하고 돌보는 호혜적(互惠的) 가치를 담고 있다.

다음과 같은 엄연한 사실을 보아 부모 자녀 간의 이러한 특수한 관계를 더욱 깊이 깨달을 수 있다.

> 부모는 "자녀가 병이 없이 오래 살기를 끝없이 소원한다."
> 자녀도 "부모님의 건강을 걱정하며 병환이 없이 오래 사시기를 소원한다."

이 세상에서 가장 소중한 생명 그 자체를 이렇게 측은지심으로 존중하는 것은 오직 부모만이 자녀에게, 그리고 자녀만이 부모에게 하는 지극한 존중과 애정의 발현이라고 하지 않을 수 없다.

그래서 사람이 지켜야 하는 기본적 윤리로서 부자유친(父子有

親, 부모와 자녀는 서로 친밀한 관계를 맺어야 함)을 들고 있다
(『효경』, 부모생적장). 어느 시대, 어느 사회에서나 변할 수 없는
부모 자녀 간의 관계이다.

위의 같은 거유의 말은 부모와 자녀는 깊고 끊을 수 없는 친밀
한 관계를 맺으면서 서로 존중하며 돌보아야 함을 가르치고 있다.

한국, 중국, 일본 등 동아시아 사람들에게 커다란 영향을 끼친
인(仁)의 가치를 행동으로 옮기는 기본적인 방법은 부모를 비롯
한 가족원들과 가족 바깥사람들을 존중하고 사랑하는 것이다(『맹
자』, 진심장구 상).

우리에게 주어진 생활 환경적 조건에 비추어 이러한 서로 존
중하는 방법을 가려내고, 존중할 구체적 행동 방식을 찾아내야
하겠다. 그리하여 이 방식에 따라 성숙한 성인으로서 자기실현을
하는 방향으로 부모와 어른을 존중해 나가는 것이다.

새 기술이 나와서 산업방식이 달라지고 생활양식이 바뀌고 있
다. 이러한 큰 변화 속에서도 변치 않는, 아니 변할 수 없는 사실
이 있다. 그것은 곧 위에 논한 바와 같은 특수한 부모 자녀 관계
이다.

이러한 부모 자녀 관계를 중심으로 형제자매, 친척, 선생, 선
배, 직장의 장, 이웃 어른을 존중하는 관계로 넓혀 나가야 하는
것이다.

3

부모존중에 대한 마음가짐

부모존중은 퇴계의 가르침에서 분명히 밝혀진다.

퇴계는 부모존중의 중요성을 다음과 같이 강조하였다(류승국, 1995; 박종홍, 1960).

> "부모를 섬기며 돌보는 것은 사람이 행할 가장 중요한 과업이며, 모든 착한 행동의 으뜸이고, 사람의 올바른 행동과 생활의 기본이다"
> (『퇴계집』; 22, 89-94).

퇴계는 어진 사람은 어버이 섬기기를 하늘을 섬기는 것과 같이하며 다음과 같은 마음가짐으로 행한다고 했다

> "남을 사랑하고 이롭게 하는 따뜻한 마음으로서 사람의 마음속에 담겨 있는 인(仁)이 발하여 사랑하고 존중하는 마음이 되며, 이 마음에는 측은지심이 한결같이 통한다" (이황 『성학십도』 인설; 『퇴계집』, 153, 202).

이 가르침은 인간존중과 인간애 그리고 측은지심으로 발현되는 인간중시 사상을 표명하는 것이다.

[참조: '측은지심(惻隱之心)'은 '내가 서고자 하는 데 남을 세운다', '내가 원하는 것을 남에게 한다'는 말이 뜻하는 바와 같이 이타적(利他的) 가치이며, 인을 발현하는 방법임.]

위의 가르침을 뒷받침하듯이 『예기』(재의)에는 아래와 같이 효의 가장 중요한 조건으로서 부모에 대한 존중이 제시되어 있다 (大孝尊親 其次弗辱 其下能養).

　첫째, 부모를 존중하는 것(尊親)
　둘째, 부모와 가족을 욕되게 하지 않는 것(弗辱)
　셋째, 부모에게 좋은 음식, 따뜻한 의복, 안락한 거처를 드려 편히
　　　 모시는 것(能養)

위의 세 가지 조건들에서 첫 번째로 무게를 둔 것이 부모에 대한 존중(尊親)이다.

앞서 지적한 바와 같이 유교는 예를 이루는 데 지켜야 할 기본적 가치로서 인을 들었다. 인은 부모를 존중하는 데서 비롯된다. 이 점에 대해서 맹자와 증자가 한 말을 들어보았다. 즉, 인의 실제는 어버이를 존중하는 것이며 사람의 행실에서 부모를 존중하는 것보다 더 큰 것은 없음이 밝혀졌다.

다시 말해서 존중이 효의 핵심이 됨이 분명해졌다. 이 점을 지적한 다음 공자의 말이 흔히 인용되고 있다. 한 제자가 어떤 방법으로 부모에게 효도하면 좋겠느냐고 질문하자 공자는 다음과 같이 답하였다.

　"요즈음은 부모를 돌보기만하면 되는 것으로 안다. 하지만 개와 말에게도 먹을 것을 주지 않는가. 부모를 존중하며 돌보지 않는다면 사람과 짐승 사이에 무슨 차이가 있는가?"(『논어』, 위정 7).

공자의 수제자 맹자도 비슷한 말을 했다.

"먹이기는 하면서도 사랑하지 않는다면 그것은 돼지로 여기고 사귀는 것이며, 사랑하면서도 공경하지 않는다면 그것은 짐승으로 보고 기르는 것이다"(『맹자』, 진심 편 37).

위의 말은 부모를 마음속에서 우러나오는 측은지심으로 존중해야 함을 함축적으로 가르치는 명언이다.

4

인간 존엄성의 고양

부모님과 어른 그리고 사람들을 존중함은 이분들의 존엄성(尊嚴性)을 받든다는 뜻이 담겨있다. 존엄하다 함은 존중되어야 할 타고난 권리가 있음을 말한다.

이러한 존엄성을 간직한 분들을 멸시하거나, 푸대접하거나, 억압하거나, 자유를 뺏거나, 생명을 해치면 아니 된다.

퇴계가 그의 저서 『성학십도(聖學十圖)』의 인설(仁說)에서 "생명을 온전하게 함양하고 육성함이 인의 시발"임을 밝힌 점은 바로 사람의 존엄성을 받들어야 함을 가르친 것으로 본다. 퇴계의 가르침은 "하늘과 땅의 기를 받아 태어난 것 중에서 사람이 가장 귀하다"는 『효경』(성치장 1)의 말과 뜻을 같이하며, 더욱이 사람의 귀중함 - 인간의 존엄성 - 을 받드는 고귀한 정신을 알려주고 있다(손인수 외, 1977: 123; 김낙진, 2004: 59).

퇴계는 먼저 부모를 존중하며 돌보고(事親), 이어 형제와 우애롭게 사귀며(事兄弟), 다음으로 공동체 성원을 돌보되(事公), 이 모든 것을 인을 바탕으로 해서 실행해야 함을 가르쳤다(『성학십도』, 인설).

이 경우 인은 "자신과 가까운 사람이나 먼 사람이나, 친한 사람이나 모르는 사람이나, 은혜를 입은 사람이나 아닌 사람이나,

모든 사람이 서로 존중함으로써 실현되는 가치이다"(도성달, 2012: 123).

따라서 존엄성 원칙은 부모님을 비롯하여 다른 사람들에게도 적용되어야 하는 엄중한 윤리적 규범이다.

인간 존엄성은 인간존중가치를 발현하며 사회복지 돌봄서비스, 의료서비스, 이웃 봉사, 가족 돌봄을 포함한 모든 사람 돌봄 과업에서 반드시 지켜져야 하는 엄중한 윤리적 규범이다(한국사회복지사협회 윤리강령, 2012; U. S. NASW Code of Ethics, 2000).

위와 같은 유교적 가르침에 따라 우리의 조상은 여러 세대에 걸쳐 가족과 사회의 질서를 유지하는 예를 지키고, 부모를 비롯한 사람들을 존중하며 돌보는 도덕적인 가치를 받들고 실행해 왔다.

5

부모존중: 문화적 속성

우리의 부모와 어른에 대한 존중은 한국적인 문화적 맥락에서 실행된다.

[참조: 부모와 어른에게 공통으로 해당하는 사항은 '**부모·어른** 또는 '**어른**'으로 표기함.
'어른'은 부모를 비롯한 존중대상이 되는 고령자를 말함.]

노년학의 대가 G. Streib(1987) 교수는 사회문화적 맥락에서 중국인과 미국인 사이에 고령자를 대하는 관습에 차이점이 있음을 지적하였다. 그는 중국 사회에서는 젊은 사람들이 어른에 대한 존중을 자동적으로(automatically) 표현하며 미국인보다도 어른을 더 잘 대우한다고 했다. 일본에서 태어나 그 나라 문화 속에서 생활한 노년학의 석학 E. Palmore(1985) 교수는 일본 사회에서는 어른존중의 가치가 사회구조 속 깊이 스며들어 있다고 했다. 특히 부모와 자녀, 선생과 제자, 선배와 후배 간 관계 그리고 조상숭배에서 그 가치가 발현되고 있다는 것이다.

이러한 연구보고는 한국의 문화적 맥락에도 거의 그대로 적용될 수 있다고 본다. 한국에서도 일본과 중국의 경우와 같이 대다수 가족에서 어린이 때부터 부모, 선생, 어른을 예의 바르게 정중히 대하도록 사회화되고 있기 때문이다(성규탁, 2011). [부록 II

"어린이의 어른존중" 참조]

근년에 어른존중과 관련된 전통적 가치를 높이기 위해 한국을 비롯한 일본, 중국, 대만, 싱가포르에서 정부와 민간이 합동하여 여러 가지 경로 사업을 하고 있다. 고령자존중을 위한 사회운동, 노인복지법과 부모부양책임법의 제정, 각종 사회서비스와 보건 의료서비스 제공, 노인의 날과 노인존경 주간의 실시, 노인휴식센터(경로당) 운영, 효행상 시상 등은 그 예이다.

모범적으로 효도한 사람들에 대해서는 텔레비전, 신문, 잡지 등 매스컴과 교육·문화·예술 기관을 통해 뉴스, 기록 보도, 드라마, 문학작품, 발표회 등을 통해서 보도되고 있다. 이러한 활동은 어른존중과 어른 돌봄을 제 강조하려는 사회문화적 의욕과 노력을 반영하는 것이다.

그러나 새 시대의 벅찬 사회변동과 함께 부모·어른 돌봄을 표현하는 방식은 수정되고 있다.

젊은 세대는 서로 도움을 주고받는 호혜적인 입장에서 고령자를 돌보려는 경향이다. 이러한 동향은 세대 관계가 권위주의적이고 가부장적인 형태로부터 서로 존중하며 돌보는 평등주의적이며 호혜적인 방향으로 변하고 있음을 시사한다.

사실 위에 논한 퇴계의 가르침과 같이 유교적 부모 자녀 관계는 어른과 젊은 세대가 서로 돌보는 효자(孝慈)를 실행하는 것으로 되어있다. 즉, 부모는 자녀를 인자하게 양육하고(慈) 자녀는 부모를 섬기며 돌보는(孝) 호혜적인 관계이다.

노년학자들의 조사에 의하면 새 시대의 한국 젊은이들의 다수는 부모를 존중하고 있으며, 일본과 중국의 다수 젊은이도 역시 부모를 존중하고 있다(조지훈 외, 2012; Yan, 2007; Hagiwara, 2009).

이러한 사실은 동아시아 3국(한국, 중국, 일본)이 가지는 공통적인 문화적 속성을 반영한다고 볼 수 있다(성규탁, 2011; Chow, 1995; Elliott & Campbell, 1993).

6

인간존중 사상의 근원

우리의 조상은 사람을 존중하는 사상을 후손에게 남겨주었다. 우리가 이어받은 이 사상적 전통은 우리의 부모·어른 존중 및 돌봄을 실행하는 노력을 뒷받침하는 인간중시 가치를 이루고 있다.

〈홍익인간 사상〉

홍익인간 사상을 인류공영(人類共榮)이라는 뜻에서 민주주의의 기본정신과 부합되며, 유교의 인(仁), 불교의 자비(慈悲), 기독교의 박애(博愛) 정신과 상통하는 전 인류의 이상으로 보고, 한국의 교육이념으로 삼아 교육법 제1조에 그 조문을 설정해 놓았다 (법률 4879호 교육법)(박재윤, 1995; 최문형, 2004: 336-348).

우리의 사람을 존중하는 사상은 건국신화 정신이 표상하는 홍익인간(弘益人間) 사상에서 발원한다. 이 사상은 보편적으로 사람을 존중하여 모든 인간의 이익과 번영을 추구하는 것이 그 근본으로서(황영우, 2011; 손인수, 1992: 362) 우리에게 인간존중과 인간복리에 공헌하는 가치를 심어 주었다(안호상, 1964; 백낙준, 1963).

〈불교의 자비〉

불교의 살생유택(殺生有擇: 생명을 죽이는 것을 삼가함)은 일찍이 신라 시대의 사회풍토에 토착화되었다. 생명의 존엄성이 불교 언어인 살생유택으로 표현된 것이다(손인수, 1978: 124-146; 최문형, 2004: 37, 344-348; 금장태, 2001).

더욱이 불교의 자비(慈悲)는 생명에 대한 무조건적인 존중을 나타내며, 살생금지와 비폭력을 위한 행동으로 승화한다(최문형, 2004: 347).

이처럼 불교는 모든 생명을 차별 없이 존중하는 인도주의, 평등주의, 인간존중 사상을 기본으로 인간이 서로를 사랑하고, 섬기며, 돌보는 이타적 실천을 교시하고 있다(이중표, 2010; 권경임, 2009).

〈유교의 인간애〉

조선 유학의 중심인물인 퇴계는 앞서 인용한 유교적 가르침을 조선의 사회문화적 맥락에서 더욱 자세히 해명하고 몸소 실행하였다(이상은, 1960; 박종홍, 1960).

퇴계는 그의 사상을 집성한 『성학십도』 중의 서명도(西銘圖)에서 다음과 같은 말로 인간존중 및 인간애 사상을 해설하였다.

"인자(仁者: 인을 베푸는 사람)는 내가 서고자 할 때 남을 세우고, 내가 달하고자 할 때 남을 달하게 한다."

"백성은 나의 동포요, 사물은 나와 함께 사는 무리이다. 나이 많은 이를 높이는 것은 천지의 어른을 어른으로 대접하는 것이다."

"천하의 파리하고 병든 사람, 고아와 자식 없는 노인, 홀아비와 과부
는 모두 내 형제 가운데 어려움을 당하여 호소할 데 없는 자이다."

퇴계의 위의 말은 어려운 사람들 - 사회적 약자 - 은 모두가 나
와 함께 공동사회를 이루는 형제자매로서 이들을 존중하며 돌보
아야 함을 가르치고 있다.

퇴계는 향약(鄕約)을 입조하여 가족과 이웃공동체의 서로 돌봄
을 인도, 실행토록 함으로써 위와 같은 가르침을 몸소 실천으로
옮겼다.

위와 같은 사람을 존중하며 돌보는 의식과 행동을 관통하는
것이 바로 측은지심으로 발휘되는 인이다(김형오 외, 1997: 123).
측은지심은 남이 배고프면 그에게 먹을 것을 주려 하고, 남이 물
에 빠지면 건져내려 하고, 남의 기쁨을 자신의 기쁨으로 여기며,
대가를 바라지 않고 저절로 남을 존중하는 마음이다.

유교적 사람 돌봄은 물질적 돌봄만이 아니라 정서적 돌봄을 겸
해 실천하는 특성을 갖추었다(박병현, 2008; 홍경준, 1999). 역사
적으로 정서적인 인간존중, 인간애, 측은지심을 고양하고, 수단
적인 공동체를 통한 구황(救荒) 및 진휼(賑恤) 사업을 실행한 점
에서 그러하다(유병용 외, 2002). 이러한 사람 돌봄의 이념적 바
탕은 다름 아닌 인 사상이었다.

〈동학의 인내천〉

조선조가 끝나는 근대 이후 한국의 현실에 대한 주체적 자각으로 이루어진 인간관이 대두하였다(최문형, 2004; 손인수, 1992).

인간존중과 인간 존엄성을 고창하는 현대적 인간관은 동학(東學)에서 분명해진다. 동학의 인내천(人乃天: 사람은 곧 하늘임)과 사인여천(事人如天: 사람을 하늘같이 다스림)의 사상은 인간적 가치를 높이는 요건을 규범으로 세웠으며 한국인의 인간존중문화에 하나의 귀중한 초석을 이루었다(최문형, 2004: 336-348).

최시형의 사인여천(事人如天)은 최치원의 시천주(侍天主)에서 한 발자국 더 나아가 인간의 존엄성과 자유평등의 근대적 자각을 깨우치는 인간주체(人間主體)의 사상적 특징을 갖추고 있다 (최문형, 2004: 336-348).

동학은 홍익인간이 발현하고 불교와 유교가 전파한 '인간존중' - '인간애' - '평등' 사상을 숭앙하였다. 특히 어린이와 여성을 포함한 민중의 평등한 인간적 가치를 고양할 것을 강조하였다. 즉, 개인의 존엄성과 평등을 주장한 것이다.

인간에 대한 이러한 새로운 인식은 전통적 인간존중 사상과 합성하여, 이 사상을 시대의 조류에 맞게 혁신, 고양하는데 기여했다(손인수 외, 6장: 253-305).

〈기독교의 박애〉

서양문화에서 받들어지고 있는 인간 존엄성과 사회정의를 표상하는 박애 정신은 원래 기독교와 결부된 사상이다.

기독교의 십계명 가운데 '네 부모를 공경하라. 그리하면 하나님이 네게 주신 땅에서 오래 살리라'라는 가르침은 매우 엄하고 무거운 부모존중에 대한 말씀이다. 부모는 하나님 다음으로, 아니 하나님과 거의 같게, 존중해야 하는 존재로 받들었다. 그리고 레위기(19:3)에는 "너희 각 사람은 부모를 경외하라"라는 절이 있다. '경외'는 하나님에게만 사용되는 말이다(김시우, 2008, 54-55). 신약성서에도 여러 장에서 부모존중에 대해 교시하고 있다.

예수교는 인간의 존엄성과 평등 그리고 공동복리를 존중하는 인본주의적 원칙을 강조한다. 이러한 기독교의 가르침은 한국의 전통적인 인간존중 - 인간애 사상을 더욱 고창한다.

위와 같은 홍익인간 사상에서 기독교에 이르는 전통적 사상의 흐름은 오랜 세월 동안 우리의 사고와 생활 속 깊이 스며들었다. 불교의 생명존중, 유교의 인간애, 천도교의 인간존중, 기독교의 박애 사상은 우리 민족의 전통적 인간중시 사상과 합성하여 한국사회 특유의 고귀한 사람을 존중하며 돌보는 문화적 맥락을 조성하고 있다(류승국, 1960: 136-137; 최문형, 2004: 27).

우리의 부모·어른 존중은 위와 같은 인간중시 가치를 숭앙하며 실현하는 커다란 사회문화적 맥락에서 이루어진다.

다음에 본 연구를 위해서 구체적 어른존중 방식을 식별한 조사에 대해서 논술하고자 한다.

PART
2

어른을 존중하는 방식

우리가 지켜야 하는 예는 사람을 존중하는 뜻과 행동을 종합해서 표현된다. 존중이 담고 있는 뜻을 구체적인 행동으로 실현하는 것이다. 퇴계는 바로 이렇게 뜻을 행동으로 옮기는 것을 중요시하여 그의 가르침에서 아는 것(知)을 실행(行)해야 함을 거듭 강조하였다(『퇴계집』, 2003: 91-94; 금장태, 2001: 230-231).

부모·어른존중에 대한 지식도 구체적인 행동으로 실현되어야 한다.

다음에 구체적 어른존중의 행동 표현을 탐사하는 조사작업에 들어가고자 한다.

먼저 (1) 전통적 어른존중 방식을 유교 문헌을 섭렵하여 탐색하고, 다음으로 (2) 현대적 어른존중 방식을 젊은 성인에 대한 사회조사를 통해서 식별하고자 한다. 이러한 두 가지 조사를 실행하여 전통적 존중방식과 현대적 존중방식의 연관성과 지속성 그리고 차이점과 변동상황을 밝혀 보고자 한다.

1

전통적 어른존중 방식

1) 조사자료 (유교 문헌)

한국을 비롯한 동아시아 나라들에서 예로부터 전해오는 부
모·어른존중에 대한 뜻과 방식이 아래와 같은 유교의 경전과
문헌에 수록되어 있다.

[유교 경전]

* **『논어(論語)』**: 공자의 인(仁)을 포함한 교육, 도덕, 인격 양성에 관한
  논의를 수록함.

* **『맹자(孟子)』**: 공자의 수제자 맹자의 인(仁)의 실행을 비롯한 효 및
  사람존중과 관련된 가르침을 수록함.

* **『중용(中庸)』**: 부모와 어른을 존경하는데 관한 원리, 가르침이 수록
  되어 있음.

* **『예기(禮記)』**: 부모, 조상, 어른 및 모든 대인관계에서 지켜야 하는
  예절(禮節)에 대한 가르침을 수록함.

* **『효경(孝經)』**: 효(孝)의 실천에 대한 지침과 인격도야, 가족조정, 국
  가 질서를 통해 보편적 도덕성을 이룩하는데 관한 지시를 수록함.

* 『**퇴계집(退溪集)**』: 조선유교의 중심인물 퇴계(退溪 李滉)의 시, 교서, 소, 강의, 언행록을 포함한 문집.

* 『**성학십도(聖學十圖)**』: 퇴계의 태극도설(太極圖說)을 비롯한 차(箚)와 도(圖)에 대한 가르침을 수록한 저서.

* 『**율곡전서(栗谷全書)**』: 율곡(栗谷, 李珥)의 성학집요(聖學輯要), 격몽요결(擊蒙要訣), 어록(語錄)을 포함한 문집.

　다음에 논술하는 조사에서 위의 유교 경전과 문헌에 담겨있는 부모·어른존중과 관련된 문장을 섭렵하여 존중하는 방식들을 가려내었다. 유교 경전에는 같은 존중에 관한 글을 되풀이한 사례가 많다. 이런 사례는 『논어(論語)』, 『맹자(孟子)』, 『효경(孝經)』, 『예기(禮記)』, 『중용(中庸)』의 순으로 한(1개) 경전(출처)의 사례만을 선별하였다. 본 조사에서는 유교 경전의 원본과 한국어판(번역판)을 대조하면서 섭렵해 나갔다. 이 조사는 유교 문헌에 대한 조예가 깊고, 부모와 어른을 실제로 봉양하였으며, 문헌 섭렵과 사회조사에 대한 경험을 쌓은 저자를 포함한 3인의 조사자들이 공동으로 행하였다.

2) 존중과 관련된 주제

위의 경전과 문헌을 섭렵해 나가는 과정에서 아래와 같은 부모존중과 관련된 다양한 주제들이 식별되었다.

[부모 돌봄]

전통적인 예절에 대한 소상한 규정을 수록해 놓은『예기(禮記)』에 부모를 위한 돌봄과 존중이 상호 연계되어 있음이 드러났다 (『예기』, 상 곡례 상 & 하; 하 내칙). 즉, 부모를 돌봄으로써 존중하고 존중함으로써 돌보는 것이다. 바꾸어 말하면 돌봄은 존중의 일부로 행하여진다. 게다가 돌봄은 정서적인 면이 있고 수단적인 면이 있음이 나타났다.

〈수단적 돌봄〉

부모를 돌보는 방법에 대해 공자는『예기』(곡례 상 1)에서 다음과 같이 구체적으로 설명하였다.

> "무릇 사람의 자식이 되어 부모를 섬기는 데는, 겨울에는 따뜻하게 해 드리고, 여름에는 시원하게 해 드리며, 밤에는 자리를 펴서 편안히 쉬게 해 드리고, 아침에는 문안을 드리는 것이다."

> "아침에 부모님의 잠자리와 거실을 정돈하고…부모님이 일어나 앉을 자리를 차지하도록 도와드려야 한다."

"부모가 침과 코를 흘릴 때는 즉시 닦아 주어 남에게 보이지 않도록 해야 한다…5일마다 물을 데워 신체를 목욕하기를 그리고 3일마다 머리 감을 것은 청해야 한다"(『예기』, 하 내칙 12).

공자는 더 구체적으로 자녀가 일상생활에서 실천할 지침을 들었다.

"아들과 며느리는 아침준비를 마치면 부모의 방으로 가야 한다. 방에 이르러서 마음을 가라앉히고 부모님이 입고 있는 옷이 따뜻한지 추운지, 아픈 곳은 없는지, 가려운 데는 없는지를 묻고서 아프고 가려운 데가 있다면 공손히 이를 억누르거나 긁어드린다…음식은 부드럽게 한 다음 기름에 볶아서 향기롭고 맛있게 한 뒤에 올린다"(『예기』. 하 내칙 12).

〈정서적 돌봄〉

공자는 부모를 마음속에서 우러나오게 존중해야 한다고 다음과 같이 가르쳤다.

"부모의 뜻에 어긋나는 언행을 해서는 아니 되며, 이분들이 즐거운 것을 보고 듣도록 해야 한다"(『예기』, 하 내칙 12).

"평상시 집에 있을 때는 마음을 다하여 부모를 공경하고, 이분들을 봉양할 때는 마음을 다하여 즐겁게 해 드리고, 병환 중일 때는 마음을 다하여 근심하고, 돌아가셔서 거상 중일 때는 마음을 다하여 슬퍼하고, 제사 지낼 때는 마음을 다하여 엄숙하게 한다"(『효경』, 기효행).

퇴계는 이러한 자녀의 의무를 더욱 강조하며 다음과 같이 말했다.

"하늘의 뜻을 지킨다는 것은 자식의 공경함이오…부모가 즐거워하며 근심하지 않게 함이 순수한 효이다"(퇴계, 『성학십도』, 서명).

그리고 부모 돌봄의 정서적 측면을 중시한 다음과 같은 공자의 말이 흔히 인용되고 있다.

"사람의 자식 된 자는 나갈 때 반드시 부모에게 그 갈 곳을 알리고, 돌아왔을 때는 반드시 부모를 뵙고 인사를 드리되, 그 안부를 눈여겨 본다"(『예기』, 상 곡례 1).

공자는 그의 제자 맹무백이 효에 관하여 묻자 부모도 자녀를 깊고 친히 존중함을 다음과 같은 말로 밝혔다.

"부모는 자식의 병을 걱정하느니라"(『논어』, 위정 6).

부모는 자식이 병이 없이 오래 살기를 소원한다. 즉, 자식의 가장 중요한 생명 그 자체를 존중하는 부모의 마음속 깊이 작용하는 측은지심을 가르치는 말이다.

위의 가르침에 나타났듯이 공자와 퇴계에게는 부모에 대한 물질적 지원이나 외면적 표현보다도 마음속에서 우러나오게 진심으로 부모를 존중하는 것이 중요했던 것이다. 그리고 부모도 자녀를 측은지심으로 존중함을 덧붙였다.

위와 같은 돌봄 이외에 아래와 같은 존중을 나타내는 여러 가지 주제들이 식별되었다.

[인사]

『예기』(하 내칙 12)에는 "아침에 일어나면 곧 부모님에게 공손한 말로 문안을 드려야 한다"는 말이 있다. 즉 존중하면서 인사를 드리라는 것이다.

[음식 대접]

정성스럽게 존중하며 음식을 대접하는 데 관한 다음 말이 있다.

"부모가 원하는 음식을 대접해야 하며 그 음식은 맛있고 부드럽고 향기로워야 한다"(『예기』, 하 내칙 12).

공자는 무릇 효자는 부모를 즐겁게 대접해야 한다고 했다(『예기』, 곡례 상 1). 이어 비록 집안이 가난하여도 부모에 대한 존중과 온정을 다하면 효가 된다고 다음과 같이 말했다.

"부모가 콩죽을 먹고 물을 마시게 해도 그 즐거움을 다하게 한다면 효도이다"(『예기』, 상 단궁 하).

[외모, 몸가짐]

존중하는 데는 외면적인 표현 - 외모 또는 몸가짐 - 도 중요하다. 이 점에 관해서 공자는 다음과 같이 가르쳤다.

"부모나 시부모가 계시는 곳에서 명을 받으면 즉시 예라고 대답하고 공손히 대하며, 물러날 때도 마음가짐을 신중히 하고, 정제해야 한다"(『예기』, 하 내칙 12).

공자는 스스로 다음과 같이 몸가짐을 옳게 하였다.

"대궐 문을 들어갈 때 허리를 굽히고 안색을 긴장하고 걸음을 조심하였으며 몸가짐을 마치 새가 날개를 편 듯 두 팔을 곧게 펴고 그 태도가 공경하는 듯하였다"(『논어』, 향당 4).

또한, 용모를 바르게 갖추어야 한다고 다음과 같이 자세히 지적했다.

"군자가 도를 실천하는 데에는 귀중하게 여기는 것이 세 가지가 있다. 용모를 갖춤에 있어 사납고 교만함을 멀리하고, 안색을 바르게 하여 신실하게 하며, 말을 함에는 야비하고 도리에 어그러짐을 멀리하여야 한다"(『논어』, 태백 4).

[존댓말]

그리고 대인관계에서 말을 조심해야 한다고 했다.

"군자는 말을 할 때는, 먼저 그 말을 해도 좋은지 어떤지를 생각한 후에 말하고, 행동할 때는 그 행동을 함으로써 과연 마음이 즐거울지 어떨지를 먼저 생각한 후에 행동한다"(『효경』, 효우열).

공자는 『논어』(계씨 6)에서 다음과 같이 말하는 방식까지 지적해 놓았다.

"말이 (순서가 자기에게) 미치기도 전에 먼저 말을 꺼내는 것은 조급함이오, 말이 (순서가 자기에게) 미쳤는데도 말하지 않음은 숨김이요, 안색을 살피지 않고 말함은 눈치가 없는 것이다."

『효경』에는 더욱 구체적으로 말을 하는데 조심해야 한다고 다음과 같이 타일렀다.

"예법에 맞는 말이 아니면 절대 말하지 않고, 도덕에 맞는 행동이 아니면 절대 행하지 않는다…부모와 대화를 하거나 서신을 교환할 때는 언제나 예의에 어긋나지 않도록 부드러운 음조로 조심스럽게 존댓말을 사용해야 한다"(『효경』, 경대부).

[동일시(同一視)]

공자의 제자들은 공자에게 여러 가지 질문을 했다. 이에 대한 공자의 답변이 경전 여러 곳에 수록되어 있다. 제자들은 공자의 이 답변에 따라 예를 지키고 도를 닦았을 것이며 공자의 생각, 가치, 믿음을 깨닫고 이를 추종, 수용, 내면화하여 실행하였을 것이다. 존중하는 스승인 공자가 보여 준 모범을 동일시하였을 것으로 짐작한다.

[순종, 말을 따름]

맹자는 부모의 충고와 지시에 순종해야 한다고 했다(『예기』, 하 내칙 12).

퇴계도 부모의 뜻을 따르고 지시에 순종함이 효라고 지적했다(『성학십도』, 서명).

[우선적 대접]

공자는 존중의 표시로서 고령자와 손님을 먼저 대접해야 함을 가르쳤다.

"이웃 사람들과 술을 마실 때는 반드시 노인이 먼저 나가야 그를 따라 나갔다"(『논어』, 향당 10).

"무릇 손님과 함께 방으로 들어가는 자는 문마다 손님에게 사양해서 먼저 들어가지 않아야 한다"(『예기』, 상 곡례 상 1).

[윗자리 제공]

"부모님과 어른에게 윗자리 또는 가운데 자리를 제공해야 하며, 부모님이 원하는 데 따라 앉을 자리의 방향을 잡아 드려야 한다"(『예기』, 상 곡례 상 1).

"사람의 자식 된 자는 방에 있을 때 자리의 한가운데에 앉지 않는다"(『예기』, 하 12).

(한가운데는 부모의 자리이기 때문이다.)

"부모가 앉아야 할 때는 방석을 받쳐 들고 어느 쪽으로 향해서 앉을 것인지 묻고, 또 누우려 할 때는 침석을 받쳐 들고 어느 쪽으로 발을 향하게 해 드릴 것인지 묻는다"(『예기』, 하 내칙 12).

또 연령에 따라 자리를 구별하였다(『중용』, 19).

[의논]

공자는 부모와 의논하고 충고를 받는 데 대해 다음과 같이 말했다.

"무릇 며느리는…시부모에게 물어서 처리해야 한다"(『예기』, 하 내칙 12).

"남의 말을 잘 살피고 기색을 잘 관찰하여 신중하게 사람을 대한다"(『논어』, 안연 20).

"보는 데는 명백히 보기를 생각하고, 듣는 데는 총명하게 듣기를 생각하고, 낯빛은 부드럽게 하기를 생각하고, 모양은 공손하게 하기를 생각하고, 말은 성실하게 하기를 생각하고, 일에는 조심하기를 생각하고, 의심나는 것은 묻기를 생각하고…"(『논어』, 계시 10).

"많이 들어서 의문을 없애고, 많이 보아서 위태함을 적게 하고,…삼가 행동하면 후회가 적을 것이다"(『논어』, 위정 18).

[생일축하]

이어 부모의 탄생일을 축하해야 한다고 했다.

"부모의 연세는 늘 기억하지 않으면 안 된다. 한편으로는 오래 사시는 것을 기뻐하고, 한편으로는 연로하신 것을 두려워해야 하느니라"(『논어』, 이인 21).

[이웃 어른 돌봄]

공자는 존중의 실천범위를 확대하여 가족이 아닌 이웃과 사회의 노인까지도 존중해야 한다고 했다.

"부모를 사랑하는 사람은 어떤 경우에도 결코 다른 사람을 미워하지 아니하며, 부모를 공경하는 사람은 어떤 경우에도 결코 다른 사람을 업신여기지 않느니라"(『효경』, 천자).

"집에 들어가면 부모에게 효도하고, 밖에 나오면 모든 일을 삼가며, 남에게 믿음을 주며, 모든 사람을 널리 사랑하되 특히 어진 사람을 가까이하고…"(『논어』, 학이 6).

공자는 이러한 이타적인 원칙을 양혜왕(공자가 생존한 당시의 중국의 왕)에게도 아래와 같이 진언하였다.

"내 집 노인을 공경해서 다른 집 노인 어른에게까지 미치고, 내 집 어린이를 사랑해서 다른 집 어린이에게까지 미치면 천하를 마치 손바닥 위에서 놀리듯 잘 다스릴 수 있을 것입니다"(『맹자』, 양 혜왕 5).

위의 말은 "덕은 고립되어있는 것이 아니라 반드시 그 이웃이 있느니라"라는 공자의 가르침이 반영되어 있다(『논어』, 이인 25). 공자의 다음 말에도 이 뜻이 함축되어 있다고 본다.

> "비천한 사람이 나에게 물어오되 그 사람이 무지하다 하더라도 나는 성의를 다하여 처음부터 끝까지 가르쳐 주기를 하노라"(『논어』, 자한 7).

앞서 진술한 바와 같이 퇴계도 위와 같은 뜻을 담은 가르침을 남겨 놓았다.

[상장례]

자녀에게 가장 애통스러운 것은 부모가 세상을 떠날 때 약이나 미음을 드리면서 그분들의 임종(삶의 끝)을 지켜보지 못하는 것이다.

유교 경전은 부모의 상(喪)을 당하여 장례(葬禮)를 치러야 할 자녀의 의무에 대해 광범위하고도 자세하게 가르치고 있다. 특히 『예기』하권(下卷)의 내용은 대부분이 상장례(喪葬禮)에 관한 것이다.

맹자는 다음과 같이 가르쳤다.

> "부모가 살아 계시는 동안에 음식을 대접하는 것만으로는 자녀의 도리를 다했다고 할 수 없다. 이 세상을 떠난 부모를 위해 장례의식을 경건히 올림으로써 자녀의 도리를 다하는 것이다"(『맹자』, 등문공 2).

이어 맹자는 다음과 같이 충고했다.

"부모의 상을 당하면 형식적 의례보다는 진심으로 슬퍼하는 것이 더 중요하다"(『논어』, 팔일 4).

공자는 상복을 입은 사람을 만나면 예모를 갖추어 예를 지켰다(『논어』, 향당 16).

[조상숭배]

공자는 조상에 대한 예에 대해서 다음과 같이 말했다.

"조상에게 제사를 지내되 조상이 살아있는 것같이 할 것이다"(『중용』, 19).

생존하는 부모를 대하듯 사망한 부모에 대해서도 외면적 행동과 함께 마음속에서 우러나오는 존중을 표시해야 한다는 가르침이다. 동아시아문화에서는 전통적으로 조상에 대한 예는 후손이 행할 중요한 의무로 되어 왔다.

위의 인용된 글에서 부모 돌봄에서 조상숭배에 이르는 다양한 존중과 관련된 제목들이 드러났다.

이 자료는 유교문화권의 동아시아 나라들(한국, 중국, 일본 등)에서 여러 세대에 걸쳐 교시되어 온 전통적 부모존중에 대한 뜻과 행동을 알려 주고 있다. 우리의 조상은 이러한 가르침에 따라 부모를 존중하고, 젊은 세대를 중히 여기며, 가정과 사회의 질서를 유지하는 예를 지켜 왔다.

3) 존중방식 분류

(Ⅰ) 전통적 존중방식

위의 유교 문헌의 글을 바탕으로 존중방식을 식별, 선정하는 작업에 들어갔다. 아래에 이 작업의 절차와 결과를 제시하고자 한다.

저자를 포함한 3인의 공동연구자들이 각자 별도로 위의 글의 내용을 탐색하면서 분석해 나갔다. 전술한 바와 같이 연구자들은 모두 유교의 경전 및 문헌과 노인 문제에 대한 조예가 깊고, 부모·어른존중을 몸소 실행하였으며, 사회조사에 대한 경험을 갖추었다.

이 작업에 들어가기 전에 공동연구자들은 작업과정에서 참고할 아래와 같은 5가지의 존중방식을 미리 설정해 놓았다. 이 방식들은 우리 문화에서 보편적으로 통용되는 어른존중 방식이다.

이 5가지 방식들을 기초로 해서 이 방식을 포함한 여러 가지 다른 방식들을 찾아 나갔다.

 (ㄱ) 어른을 돌보는 것(돌봄으로 하는 존중)
 (ㄴ) 어른에게 인사하는 것(인사로 하는 존중)
 (ㄷ) 어른에게 존댓말을 하는 것(존댓말로 하는 존중)
 (ㄹ) 어른이 즐기는 음식을 대접하는 것(음식 대접으로 하는 존중)
 (ㅁ) 어른의 지시를 따르는 것(순종해서 하는 존중)

선정작업 과정에서 위의 5가지 방식이 모두 가려내어졌고, 이 방식들과 다른 새 존중방식들이 연이어 드러났다. 선정하는 과정에서 (5가지 방식을 포함한) 새로운 존중의 뜻과 행동 표현을 내포한 문장 내용을 해석할 때마다 분석자들은 제각기 그 뜻과 방식을 파악해 나갔다.

예로 돌봄으로 하는 존중의 경우 어른을 위한 돌봄서비스를 포함하는 보살핌을 종합해서 '돌봄으로 하는 존중'으로 요약해서 이름 붙였다. 어른에게 적절하며 타당한 언행(존중하는 말과 행동)을 해야 한다는 문장에서 '적절한 말'이란 낱말을 어른을 존중하는 말로 해석하여 '존댓말(경어)로 하는 존중'으로 정하였다. 그리고 부모와 가족이 아닌 다른 노인을 존중해야 한다는 문장은 '이웃 어른에 대한 존중'으로 이름 지었다. 대부분 방식은 글에 담긴 존중의 뜻과 표현이 분명하고 구체적이어서 쉽게 선정할 수 있었다.

분석자들은 각자가 선정해서 기록한 존중방식들을 교차 검증한 후 전원이 합의하는 방식들을 최종적으로 선정하였다. 분석자 전원이 14가지 방식들을 식별하여 최종 선정하는 데 합의했기 때문에 신뢰도를 측정하는 절차를 약했다. 내용분석의 타당성도 대부분 존중방식이 문헌에 기술되어 있는 그대로 선정되었고 또 존중에 대한 전문지식을 가진 분석자 전원이 합의함에 따라 선정되었기 때문에 높은 것으로 보았다.

이러한 조사작업을 통하여 처음에 설정한 5가지 존중방식들 이외에 9가지가 새로 발견되었다. 종합해서 아래와 같은 14가지 방식들을 최종 선정하여 "**_전통적 존중방식_**"이라고 이름 지었다.

4) 선정된 전통적 존중방식

아래는 전통적 존중방식의 명칭과 간략한 내용이다. [표 1]

* 표는 사전 선정된 5가지 존중방식 외에 새로 식별된 9가지 방식임. 번호 (1)~(14)는 우선순위가 아닌 일련번호임.

(1) *돌봄으로 하는 존중*(돌봄서비스를 제공하는 것)

(2) 순종해서 하는 존중(지시를 따르는 것)

(3) *음식 대접으로 하는 존중*(즐겨 하는 음식을 대접하는 것)

(4) *존댓말로 하는 존중*(존댓말을 사용하는 것)

(5) *인사를 해서 하는 존중*(인사하는 것)

*(6) *외모를 갖추어서 하는 존중*(공손한 외모를 갖추는 것)

*(7) *윗자리를 드려서 하는 존중*(존중을 나타내는 자리를 제공하는 것)

*(8) *의논으로 하는 존중*(의견과 충고를 받아들이는 것)

*(9) *축하해서 하는 존중*(탄생일을 축하하는 것)

*(10) *먼저 대접해서 하는 존중*(서비스나 편의를 먼저 제공하는 것)

*(11) *동일시해서 하는 존중*(어른의 모범적 관점, 성품, 속성을 따르는 것)

*(12) *상장례를 통해서 하는 존중*(돌아가신 어른을 위해 경건히 상례와 장례를 올리는 것)

*(13) *조상에 대한 존중*(제사, 성묘, 기타 행사를 통해서 조상을 숭배하는 것)

*(14) *이웃 어른에 대한 존중*(이웃과 사회의 어른을 존중하는 것)

위와 같은 유교 문헌에 담겨있는 전통적 부모존중과 관련된 가르침과 타이름은 거의 모두가 한국을 포함한 동아시아 나라 사람들이 여러 세대에 걸쳐 일상생활에서 지켜야 할 도덕적 규범으로 적용해 왔었다고 볼 수 있다.

[참조: 위의 유교 문헌에서 연구자들은 다음에 진술하는 현대적 존경방식인 '선물로 하는 존중'과 '사비밀 존중'을 찾아내지 못하였음.]

〈표 1〉 유교 문헌에서 분류된 전통적 존중방식

일련번호	존중방식	분류됨
1	돌봄	○
2	순종	○
3	의논	○
4	먼저 대접	○
5	인사	○
6	존댓말	○
7	음식 대접	○
8	외모 갖춤	○
9	조상숭배	○
10	이웃 어른 돌봄	○
11	생일축하	○
12	윗자리 제공	○
13	상장례	○
14	동일시	○

○ 유교 문헌에서 분류되었음
※ 이 표에는 현대적 존중방식인 '선물로 하는 존중'과 '사비밀 존중'이 들어 있지 않음

2

현대적 어른존중 방식 식별

1) 현대적 존중방식에 대한 사회조사

다음에는 현대적 존중방식을 식별하기 위한 사회조사를 실행하였다.

이 조사는 한국의 젊은 성인이 부모·어른을 존중하는 실상을 탐사하였다. 부모·어른을 존중하는 주제는 몇 년 전만 해도 대단한 관심거리가 아니었다. 어른존중을 당연시했던 것이다. 이 주제는 시대의 변천에 따라 새로이 등장한 사회적 관심사이다.

부모와 고령자에 대한 존중을 다룬 자료는 희소하다. 어른존중이 현대사회에서 어떠한 구체적인 방식으로 실천되고 있는가에 대한 경험적인 자료가 매우 드문 실정이다.

오늘날 한국인은 과연 어른을 존중하고 있는가? 존중한다면 어떠한 구체적 방식으로 존중하는가? 그리고 그 존중하는 방식에는 어떤 사회적 뜻이 들어 있는가?

이러한 질문들에 대한 답을 얻기 위해 본 조사는 젊은 성인들 - 대학생과 대학원생 - 이 어른을 존중하는 실상을 조사하였다.

조사대상자들 사이에 일반적으로 널리 실천되고 있는 어른존중 방식을 식별하는 데 초점을 두었다. '가장 자주 사용되고', '가장 중요시되는' 어른존중 방식을 식별하고, 각 방식이 우리의 문화적 맥락에서 뜻하는 바와 시대적 변화와 더불어 달라지는 실상을 고찰하였다.

〈참 존중과 거짓존중〉

조사에 들어가기 전에 한 가지 짚고 넘어갈 것은 정상적이지 못한 사람 관계에서 가끔 상대가 보여 주는 존중이 참된 존중인가 아니면 거짓존중인가 의심하는 경우가 있다는 사실이다.

일본의 Soeda(1978) 교수와 Makizono(1986) 교수는 어른존중의 표현을 '다테마에'와 '혼네'의 두 가지로 구분하였다. '다테마에'로 어른존중을 하면 문화적인 규범에 따른 형식적이고 겉치레에 불과함을 의미하고, '혼네'를 사용하면 진실한 또는 참다운 어른존중의 표현을 의미한다.

이런 이중적 관점은 일본인뿐만 아니라 다른 나라 사람들도 가질 수 있다. 다만 사람들은 이런 이중적 표현을 공공연하게 나타내지 않기 때문에 이를 명확히 빠르게 감지하기가 어렵다. 이런 점을 고려하면 존중을 자동으로 진실한 표현이라고 보기는 어렵다. 그렇다면 존중을 받는 사람은 존중의 표현이 진실한지 아닌지를 알아보기 위하여 존중하는 사람의 내면적 심정을 조심스럽게 살펴보아야 할 것이다. 그러나 단순한 접촉에서 이를 파악하기는 쉬운 일이 아니다.

보통 어른을 존중하는 이유는 존중자가 어른에게 관심을 가지고, 그분을 귀중히 여기고, 그분에게 친밀함을 전하려고 또는 그분을 즐겁게 해주기 위해서 하는 것이다. 이런 자원적으로 진실하게 존중하는 경우가 '혼네'에 속하는 존중이 되겠다. 이와 대조적으로 압력에 의해서, 정치적인 이유로, 주변 사정 때문에, 또는 지시를 받고 하는 수 없이 존중하는 경우에는 참다운 존중심이 없이 외면적 제스처만 보이는 '다테마에'가 될 것이다.

존중하는 정도는 존중자와 피존중자의 인간관계에 따라 다를 수 있다. 즉 존중의 표현은 사회적 순서와 연계되어 행해질 수 있다. 이 순서는 다음과 같은 집단들과의 친밀, 애정, 감사의 정을 바탕으로 하는 관계를 따르는 것으로 볼 수 있다. 즉 제1차 집단(부모, 고령의 친척), 제2차 집단(선생, 선배), 제3차 집단(이웃/직장의 어른), 제4차 집단(일반 고령인)이다. 대개 이 순서에 따라 존중의 정도가 결정된다고 추정할 수 있다.

본 조사는 대다수 조사대상자가 위의 4개 집단에 속하는 어른에 대해서 어떤 지시나 명령을 따르지 않으면서 참된 존중을 한다는 가정하에서 실행하였다.

아울러 본 조사에서는 응답자들이 부모존중에 관한 참다운 답변을 하도록 유도하기 위해서 이들의 사적인 인구 사회학적 변인에 관한 질문을 하지 않았다.

2) 사회조사의 대상과 방법

본 조사를 위한 자료는 의도적으로 선발된 서울 시내 3개 대학교에 재학 중인 458명의 대학생과 대학원생으로부터 수집하였다. 이들은 3개 대학에서 무작위로 추출된 도합 15 사회과학계 학과의 반(12명~58명 크기)에서 공부하는 학부와 대학원의 학생들이다. 이 대학들은 사회적, 경제적 및 종교적으로 다양한 학생들이 다니는 공인된 사립교육기관이다. 조사대상 학생들의 약 60%는 남성이고 40%는 여성이며, 약 70%는 4학년생이고 30%는 대학원생이다.

다음과 같은 설문을 학생들에게 나누어 주고 응답을 구했다.

1. 학생이 평소에 어른을 존중하기 위해 가장 자주 하는 행위 또는 몸짓을 3가지 이상 적어 주시오.

2. 학생이 위에 적은 행위 또는 몸짓이 어느 정도로 중요하다고 보는지 그 중요성의 정도를 지적해 주시오. (4단위 척도 적용: 4=매우 중요함, 3=그대로 중요함, 2=별로 중요치 않음, 1=전혀 중요치 않음).

위에서 첫 번째 질문은 응답자가 가장 자주 행하는 복수의 어른존중 방식들을 알아내기 위한 것이고, 두 번째 질문은 각각의 어른존중 방식을 중요시하는 정도를 파악하기 위한 것이다. 중요성의 정도는 4단위 척도에 기초한 것으로 "4=매우 중요함, 3=그대로 중요함, 2=별로 중요치 않음, 1=전혀 중요치 않음"으로 나누어졌다.

위와 같이 학생들의 사적 배경(인구 사회학적) 항목을 제외한 비교적 단순한 설문을 작성하여 이들이 부모존중에 대한 개인적인 태도에 관한 사비밀을 지키면서 안심하고 쉽게 응답할 수 있게 하였다. 각 반의 강사는 설문에 응답하는 것은 각 학생의 자유이고 응답할 의사가 있는 학생은 무기명으로 응답하도록 지시해 주었다. 각 반에서 거의 모든(80%~90%) 학생들이 응답하였다.

3) 식별된 현대적 존중방식

응답자들은 다양한 어른존중 방식들을 설문지에 기입하였다. 기입된 방식들의 뜻과 표현을 감안하면서 조심스럽게 분류해 나갔다. 분류하는 데 다음 5가지 방식을 사전 선정하여 후속선정을 위해 참고하였다. 이 방식들은 한국사회에서 보편적으로 사용되고 있는 어른존중 방식들이다. 즉 (1) 돌봄으로 하는 존중, (2) 선물을 해서 하는 존중, (3) 존댓말을 해서 하는 존중, (4) 윗자리를 제공해서 하는 존중, (5) 음식을 대접해서 하는 존중이다. 이 방식들을 위시하여 이 방식들과 다른 새 존중방식들을 식별해서 분류하였다.

분류과정에서 위의 5가지 외에 다양한 방식들이 나타났다. 무작위로 선출된 5명의 응답자로부터 응답의 해석과 후속 분류작업을 하는 데 도움을 받았다. 이들은 분명하지 않은 응답과 애매한 언어적 표현을 해석하도록 도와주었다. 각각의 존중방식을 상호 배타적인 항목으로 정립하기 위해 노력하였다.

먼저 존중방식을 지적한 빈도에 기초해서 백분율을 산출했다. 이 백분율의 크기에 따라 존중방식들의 등위를 산정하였다. 다음에는 4단위 척도에 기초한 자료(평균치)를 바탕으로 중요성 정도를 산정하고 그 정도에 따라 각 방식의 등위를 산정했다.

빈도에 대한 자료분석결과를 보면 '돌봄으로 하는 존중'이 가장 빈번히 지적되었다(응답자들의 62%가 지적함). 두 번째로 자주 지적된 방식은 '순종으로 하는 존중'(51%)이다. 세 번째는 '의논을 해서 하는 존중'(41%), 네 번째는 '먼저 대접해서 하는 존중'(36%), 다섯 번째는 '인사를 해서 하는 존중'(33%), 여섯 번째는 '존댓말로 하는 존중'(31%), 일곱 번째는 '음식 대접으로 하는 존중'(23%), 여덟 번째는 '선물로 하는 존중'(21%), 아홉 번째는 '외모를 단정히 해서 하는 존중'(20%), 열 번째는 '조상숭배'(19%), 열한 번째는 '이웃 어른존중'(18%), 열두 번째는 '생일축하로 하는 존중'(16%), 열세 번째는 '윗자리를 제공해서 하는 존중'(15%), 열네 번째는 '동일시해서 하는 존중'(7%), 열다섯 번째는 '사비밀 존중'(5%)이다.

중요성에 관한 자료를 분석한 결과, '돌봄으로 하는 존중'이 역시 가장 높은 등위를 차지했다(4단위 척도를 기초로 한 중요성 평점(평균): 3.76, 거의 '매우 중요함'으로 판정됨). 다음 '순종을 해서 하는 존중'(3.32), '의논해서 하는 존중'(3.26), '먼저 대접해서 하는 존중'(3.12), '인사를 해서 하는 존중'(3.10), '존댓말을 해서 하는 존중'(3.02), '음식 대접으로 하는 존중'(3.00), '선물로 하는 존중'(2.95), '용모를 갖추어서 하는 존중'(2.85), '조상숭배'(2.82), '이웃 어른존중'(2.77), '생일축하로 하는 존중'(2.63), '윗자리를 제공해서 하는 존중'(2.50), '동일시해서 하는 존중'(2.15), '사비밀 존중'(2.00)이 뒤따랐다.

위와 같이 지적빈도와 중요성에 대한 분석에서 돌봄으로 하는 존중이 가장 높은 등위로 나타났고, 이다음으로 의논, 순종, 존댓말사용, 인사, 우선적 대접이 뒤따랐다. 이 방식들은 모두가 다른 존중방식들보다도 더 자주 실천되었고 더 중요한 것으로 지적되었다.

세 대학에서 얻은 자료의 분석결과를 대조해 보기 위해 조사대상자들을 세 집단으로 나누었다. 분석(ANOVA)한 결과에 의하면 존중방식들의 중요성 정도에서 3개 집단 간에 통계적으로 유의한 차이가 없음이 시사되었다(df=2, ms=.51~.93, p=.08~.23). 이 자료는 3개 대학에서 존중방식에 주어진 중요성 정도가 비슷함을 시사한다.

이상과 같이 돌봄으로 하는 존중에서 시작하여 사비밀 존중에 이르는 **15가지**의 ***현대적 존중방식***이 식별되었다. [표 2]

그런데 [표 3]이 보여 주듯이 현대적 존중방식과 전통적 존중방식 사이에서 선물로 하는 존중, 상장례로 하는 존중 및 사비밀 존중에서 차이가 나고 다른 모든 존중방식에서는 비등하거나 유사함이 드러났다. 이 사실로 미루어 대부분의 현대적 존중방식은 전통적 존중방식에 이념적 뿌리를 두고 있으며, 이 이념으로부터 (강약의 정도를 불문하고) 영향을 받는 것으로 추정할 수 있다.

〈한국적 존중방식〉

위에서 식별한 존중방식들이 전통적 이념에 뿌리를 두고 있기는 하겠지만, 이 모든 방식은 조사대상이 된 한국의 젊은 성인들이 가장 자주 실행하고 가장 중요시한 현대적 존중방식들이다. 즉, 전통적 부모존중의 가치를 반영하면서도 현대인의 부모존중을 표하는 방법이 된다고 볼 수 있다.

요컨대 이 15가지 방식들은 현대한국의 문화적 맥락에서 젊은 성인들이 실행하는 부모 - 어른존중 방식들이다.

<표 2> 현대적 존중방식: 지적빈도 및 중요성 평점

존경 방식	지적빈도 [1]		중요성 [2]	
	등위	%	등위	평균
돌봄	*1*	*62*	*1*	*3.76*
순종	*2*	*51*	*2*	*3.32*
의논	*3*	*41*	*3*	*3.26*
먼저 대접	*4*	*36*	*6*	*3.02*
인사	*5*	*33*	*5*	*3.10*
존댓말	*6*	*31*	*4*	*3.12*
음식 대접	*7*	*23*	*8*	*2.95*
선물	*8*	*21*	*7*	*3.00*
외모 갖춤	9	20	9	2.85
조상숭배	10	19	10	2.82
이웃존중	11	18	11	2.77
생일축하	12	15	12	2.63
윗자리	13	16	13	2.50
동일시	14	7	14	2.15
사비밀 존중	15	5	15	2.00

N = 458

[1] 응답자들이 지적한 빈도; 응답자 총수의 5% 이상이 지적한 항목만 포함.

[2] 중요성의 정도: 4단위 척도에 기초함(4=매우 중요함 …1=전혀 중하지 않음)

위에 진술한 사회조사에서 식별된 현대적 존중방식들의 명칭과 간략한 내용을 다음과 같이 간추릴 수 있다.

[일련번호는 지적빈도의 크기에 따라 정했음.]

1) 돌봄으로 하는 존중: 정서적 돌봄과 수단적 돌봄을 하는 것
2) 순종으로 하는 존중: 어른의 충고나 지시를 받아들이며 말을 귀담아듣는 것

3) 의논을 해서 하는 존중: 개인적 또는 가정의 일, 지켜야 할 관습 등에 관해서 어른의 의견과 자문을 받는 것

4) 먼저 대접해서 하는 존중: 도움을 먼저 제공하며 방, 자동차 등에 먼저 출입하도록 하는 것

5) 인사로 하는 존중: 절을 하거나 두 손을 합장하여 인사하는 것

6) 존댓말로 하는 존중: 어른과 대화나 교신을 할 때 존댓말을 사용하는 것

7) 음식 대접으로 하는 존중: 어른이 즐기는 식사나 음료를 대접하는 것

8) 선물로 하는 존중: 선물(돈, 옷, 일용품 등 물건)과 혜택(모임을 주도하는 권한, 편의 등)을 제공하는 것

9) 외모를 갖추어서 하는 존중: 의복을 단정하게 입고 예의 바른 모습을 갖추는 것

10) 조상에게 하는 존중: 조상에게 제사를 올리고, 조상의 묘를 가꾸며, 조상의 유지를 실현하는 것

11) 이웃 노인 존중: 이웃 어른에게 돌봄서비스를 제공하는 것

12) 축하로 하는 존중: 탄생일이나 특별한 가족 행사에서 축하해 드리는 것

13) 윗자리를 제공해서 하는 존중: 윗자리를 드리는 것

14) 동일시로 하는 존중: 어른의 사상, 믿음, 생활 스타일을 따르는 것

15) 사비밀 존중: 어른의 사비밀을 지키고 개인적인 일을 존중하는 것

위의 존중방식들을 한국 문화적 맥락에서 실행하는 데 대해서는 다음 장에서 논의한다.

4) 시대의 흐름과 존중방식의 변화

산업화와 도시화에 따른 사회환경과 생활 스타일의 변동으로 인하여 존중을 표하는 방식들이 수정, 변화되고 있다. 그런데 이 방식들이 어떻게 그리고 어느 정도로 변하는가에 대한 체계적인 조사가 희소하다.

소수의 선행 조사들에 의하면 싱가포르에서는 어른존중의 뜻이 순종, 복종으로부터 공손, 친절로 변하고 있으며(Mehta, 1997), 대만, 태국, 필리핀에서는 어른이 이야기할 때 이를 경청하는 것(귀담아듣는 것)을 존중방식으로 사용하는 경향이 있다(Ingersoll-Dayton & Sangtienchai, 1999). 그리고 한국에서는 어른을 찾아 의논하는 방식이 흔히 사용되고 있다(Sung & Kim, 2003).

앞으로 젊은 사람들이 공평하고 대등한 세대 간 교환에 더 많은 관심을 가지게 되면, 공손과 친절로 하고, 귀담아듣고, 의논하는 방식은 더 널리 사용될 것으로 본다. 윗사람에게 몸을 굽혀 절하는 대신 악수를 하는 경우가 눈에 뜨이게 많아졌다. 결혼식, 생일행사, 제사도 시간과 경비가 덜 드는 방식으로 전환하는 경향이다. 사람을 고용하여 자녀를 대신해서 부모를 보살피는 사례도 늘어나고 있다. 그리고 이웃의 고령자들을 돕는 그룹과 단체들의 봉사 활동이 현저히 증대하였다.

과거보다 간략하게, 편리하게, 시간을 아껴서, 횟수를 줄여서, 경제적으로, 덜 복잡하게, 가족의 영역을 넘어 이웃으로, 가족의 형편과 개인적인 사정에 따라 존중을 표하는 경향이다.

앞으로 이러한 수정된 존중방식은 더 널리 통용될 것으로 본다.

〈존중방식이 변화되는 방향〉

공동조사자들이 존중방식이 달라지는 실정을 사회현장 관찰과 성인남녀에 대한 질문을 통해서 탐사해 본 결과 대체로 다음과 같은 방향으로 변화되는 것으로 파악되었다.

* 복잡한 표현 → 간단한 표현

다양하고 복잡한 존중하는 말, 표현, 행동 및 의식을 단순화하는 것

* 길게 하는 표현 → 짧게 하는 표현

인사말, 존댓말 등 존중하는 표현의 길이를 줄여서 짧게 하는 것

* 하기 어려운 표현 → 하기 쉬운 표현

복잡하고 다양한 존댓말, 인사말, 의식 등을 쉽고 하기 편한 방식으로 변화하는 것

* 여러 번 하는 표현 → 한두 번에 하는 표현

존댓말, 인사말 등 언어적 표현과 절과 합장 같은 동작을 여러 번 되풀이하지 않고 한두 번으로 줄이는 것

* 비용이 많이 드는 표현 → 비용이 적게 드는 표현

생일축하, 결혼식, 제사 등 가족 행사를 위해 큰 비용을 들이지

않고 절약하는 것

* **자기를 많이 낮추는 표현 → 자기를 덜 낮추는 표현**

나를 지나치게 낮추는 말과 행동을 하거나 지나친 저자세를
취하지 않고 자기의 위신을 지키면서 존중하는 것

* **사회적 관행에 따른 표현 → 나와 가족의 형편에 따른 표현**

남이 하는 방식을 피동적으로 따르지 않고, 나와 가족의 형편
에 따라 자율적으로 존중을 표하는 것

존중하는 방식 - 행동 표현 - 이 위와 같이 수정, 변화되는 경향
이다. 전통적 유교 문화에서 적용된 규범 이외의 새 시대의 사회
적, 경제적, 국제문화적 요인들 때문에 이러한 변화가 일어나는
것으로 본다.

앞으로 이러한 변화가 부모·어른존중에 어떠한 영향을 끼치
게 되는지를 살펴 나가야 하겠다. 즉, 개인적 및 가족적 배경, 남
녀성별, 사회계층, 지역사회문화 등에 따라 어느 정도로 이러한
변화가 발생하며 나아가 이 변화가 부모·어른을 위한 돌봄에
어떠한 영향을 끼치는지 지속해서 조사해 나갈 필요가 있다.

새 시대에는 동아시아 나라들의 공통적 특성이었던 권위주의
적이고 가부장적인 세대 관계를 벗어나 평등주의적이고 상호교
환적 관계를 바탕으로 어른 세대와 젊은 세대가 서로 존중해 나
가는 경향이 드러난다. 그리고 가족 중심적으로 행해진 어른존중
이 이웃과 넓은 사회의 어른을 존중하는 방향으로 확장되는 경

향이 뚜렷하다.

하지만 노년학자들은 존중의 표현이 달라지고는 있지만, 어른 존중은 한국, 일본, 중국 그리고 홍콩, 대만, 싱가포르를 포함하는 중국인 사회에서 여전히 중요한 사회적 가치로서 존속하며 이 가치는 가족 성원들과 세대 간의 관계를 공고히 하는 힘이 되고 있다고 본다(Chow, 1995; Xie, Defrain, Meredith, & Comb, 1996; Singapore Ministry of Community Development, 1996; Mehta, 1997; Sung, 2007; Yan, 2007; Hagiwara, 2009; 조지훈, 오세근, 양철호, 2012).

일본에서 노년연구를 한 K. Elliott 교수와 R. Campbell(1993) 교수는 동아시아 나라들 사이에 어른을 대접하는 데서 유사점이 있는 데 대해 다음과 같이 논하였다.

"한국과 중국의 문화적 맥락에서 볼 수 있는 부모부양에 대한 자녀의 의무와 세대 간의 관계는 일본에서도 역시 볼 수 있다. 이러한 공통점이 있는 이유는 이들 동아시아 문화권에 속하는 세 나라가 유교의 윤리적 가치인 효로부터 영향을 받았기 때문이다."

홍콩대학의 N. Chow 교수도 비슷한 말을 했다(2013).

동아시아 나라들에서 이러한 공통적인 문화적 영향은 아직도 작용하고 있는 것으로 보인다.

앞서 논한 바와 같이 Streib(1987) 교수는 그의 중국연구에서 중국인들은 어른을 만나면 "자동적(automatically)"으로 존중을 표한다고 했고, Palmore와 Maeda(1985)는 일본인이 어른과 선배를 존경하는 관습은 일본의 사회구조 속 깊이 뿌리 박혀 있다고 했다. 그리고 Sung과 Kim(2003)은 대다수 한국인은 어릴 때부터 부모, 선생과 윗사람을 존중하도록 사회화된다고 했다.

위의 연구자들은 어른존중과 관련된 사회적 행위, 사회적 구조, 사회화 및 교육은 동아시아의 문화적 맥락에서 여전히 지속되고 있음을 지적하였다.

<u>3</u>

논의

　현대적 존중방식에 대한 본 사회조사는 위와 같은 15가지의 존중방식을 가려내었다. 이 방식들을 실행함으로써 다수 한국 젊은이들이 부모·어른에 대한 존중을 표하고 있다고 볼 수 있다.

　이 존중방식들이 뜻하는 바와 표현되는 방식이 전통적 존중방식들의 의미 및 표현과 거의 비등하거나 유사하게 나타났다. 이 사실은 어른존중과 관련된 전통적 가치 및 규범의 영향이 그 강도에 있어서는 다소간의 차이가 있겠으나 여전히 지속되고 있음을 시사한다.

　존중방식들을 크게 두 가지 유형으로 분류할 수 있다. 하나는 돌봄서비스를 제공해서 존중하는 행동이다. 예로 보살피는 것, 서비스를 제공하는 것, 음식을 제공하는 것, 선물하는 것, 가사를 돌보는 것 등의 행동이다. 다른 하나는 상징적인 뜻을 가진 존중이다. 예로 경어를 사용하는 것, 공손한 외모를 갖추는 것, 순종하는 것, 윗자리에 모시는 것, 먼저 대접하는 것, 축하를 해 드리는 것 등 마음의 표현이다. 두 가지 유형을 결합해서 어른에 대한 존중을 종합적으로 표현할 수 있다고 본다.

　돌봄으로 하는 존중이 존중방식들 가운데서 가장 자주 실행되고 가장 중요한 존중방식으로 나타났다. 윤리학자들(Downie &

Telfer, 1978; Dillon, 1992)이 논하는 바에 의하면 존중은 단순히 느낌 또는 감정의 차원이 아닌 다른 사람에 관해서 관심을 가지고 실제로 보살펴 주는 행위를 함을 의미한다. 이들은 돌봄은 존중의 일부라고 규정한다. 그렇다면 이들이 논한 바와 본 연구에서 발견한 '돌봄으로 하는 존중' 사이에는 공통점이 있다고 볼 수 있다.

돌봄으로 하는 존중은 사회복지 및 의료 돌봄서비스와 같은 인간봉사(人間奉仕)와 밀접한 관련이 있다. 만성질환으로 와상 중인 노령의 환자를 보살피는 일은 쉬운 일이 아니다. 이러한 노환자는 돌봄서비스 제공자에게 거의 전적으로 의존하며 그들의 처분에 맡겨지는 경우가 많다. 인생의 종말 단계에 있는 이분이 여생을 품위 있게 살도록 존중하면서 인간중시적 돌봄서비스를 제공한다는 것은 인간봉사제공자(의사, 간호사, 사회복지사, 요양보호사, 기타 서비스제공자들)가 수행해야 할 기본적인 윤리적 의무이다.

본 연구에서 가려낸 다양한 존중방식들은 부모·어른 그리고 모든 사람을 존중하는 데 적용할 수 있고, 어른존중을 측정하는 도구를 개발하는 데도 도움이 될 수 있기를 바란다.

어떤 존중방식들은 시간이 흐름에 따라 달라질 수 있다. 앞서 지적한 존중방식의 수정 - 변화 방향이 시사하는 바와 같이 이미 달라지고 있을 것이다. 오늘날 중요하다고 보는 방식도 내일에 가면 그렇지 않을 수 있다. 이런 변화는 시대의 흐름을 따라 계속될 것으로 본다. 사회변동이 존중에 미치는 양태와 정도 그리고 존중방식의 변화가 부모·어른을 위한 돌봄과 안녕에 미치는 영향에 대한 지속적인 조사가 이루어져야 하겠다.

부언할 것은 남자 어른과 여자 어른을 존중하는 데 있어 어떠한 차이가 있는가에 대해 살펴보지 못했다. 일반적으로 여자(어머니)가 남자(아버지)보다도 더 존중받는 것으로 알려져 있다. 이러한 차이는 아마도 자녀와 어머니 사이의 공생 관계 때문에 생기는 것으로 볼 수 있다. 그러나 남자 어른이 여자 어른보다 다소간 더 존중받는 증후도 엿보인다. 부분적인 이유이기는 하지만 사회구조 안에서 아직도 남자가 생활을 위한 자원과 사회적 영향력을 여자보다 다소간 더 많이 점유하고 있기 때문으로 보인다. 특별한 업적과 많은 재산을 가진 어른들이 여전히 상징적인 방식으로 더 존경받는 경향이 있다. 앞으로 남녀 어른에 따른 차이 그리고 명성과 재력을 가진 어른과 이를 안 가진 어른 사이의 차이에 관한 연구가 있어야 하겠다. 이러한 성별, 사회적 계층과 신분에 따른 존중의 차이는 사회적 관심사가 되기 때문이다.

〈전통적 존중방식과 현대적 존중방식의 조합〉

전통적 존중방식과 현대적 존중방식을 조합하여 일람해 보면 16가지의 다양한 존중방식들의 세트가 이루어짐을 알 수 있다. [표 3]

[참조: 전통적 방식에서는 '선물로 하는 존중'과 '사비밀 존중'이 식별되지 않았고, 현대적 존중방식에는 '상장례로 하는 존중'이 식별되지 않았음.]

이 세트의 대부분 존중방식은 전통적 부모존중의 가치를 반영하면서 현대적 존중을 표하는 방식들이라고 볼 수 있다.

<표 3> 현대적 존중방식 및 전통적 존중방식

어른존중 방식	현대적 방식	전통적 방식	지적 빈도
1 돌봄	○	○	2
2 순종	○	○	2
3 의논	○	○	2
4 먼저 대접	○	○	2
5 인사	○	○	2
6 존댓말	○	○	2
7 음식 대접	○	○	2
8 선물	○	×	1
9 외모 갖춤	○	○	2
10 조상숭배	○	○	2
11 이웃 어른 돌봄	○	○	2
12 생일축하	○	○	2
13 윗자리 제공	○	○	2
14 상장례	×	○	1
15 동일시	○	○	2
16 사비밀 존중	○	×	1

○ 지적됨   × 지적되지 않음

PART
3

어른존중 :: 뜻과 실행방식

1

어른존중의 뜻

1) 존중: 예를 이루는 가치

동아시아문화에서는 사람 관계에서 예를 지키는 것을 중요시하여 이에 커다란 가치를 두어 왔다. 일찍이 공자는 예를 인간 생활의 기본으로 삼고 다음과 같이 말했다.

> "예가 아니면 보지 말고, 예가 아니면 듣지 말고, 예가 아니면 말하지도 말고, 예가 아니면 움직이지 말라"(『논어』, 안연 1).

예절을 지키는 데 대한 깊은 믿음과 가치를 상징하는 말이다. 한국인은 예를 지키는데 다른 민족보다도 더 많은 에너지를 써왔고 예의 나라 사람으로서 자부심을 가져왔다.

한 사회의 문명화된 정도와 도덕적 관행을 알려면 그 사회 사람들이 지키는 예를 보면 된다고 한다.

앞 장에서 밝힌 바와 같이 예의 핵심은 부모를 존중하는 것이다. 부모존중은 사람이 행할 가장 중요한 과업이며, 모든 착한 행동의 으뜸이고, 사람의 올바른 행동과 생활의 기본임이 밝혀졌다.

부모를 존중한다는 것은 그분들에게 깊은 관심을 가지고 그분들의 사람됨과 말씀과 행동을 소중히 여기며 측은지심으로 돌보아 드리려는 뜻을 가지고 이를 행동으로 옮기는 것이다. 이처럼 부모님을 존중하는 데서 시발하여 이웃과 사회의 어른을 존중하는 확장된 존중이 이루어진다.

예는 이러한 존중을 바탕으로 이루어진 규칙이고 약속이다. 예는 사람이 자기 자신을 스스로 다스리는 측면, 사회단체나 조직의 일원으로서 지키는 측면, 나아가 문화권을 대표해서 지키는 측면이 있다.

2) 서로 존중하는 호혜적 관계

부모 자녀 관계는 일방적인 것이 아닌 서로 존중을 주고받는 호혜적인 것이다. 이런 관계에 대해서 앞장에서 효자(孝慈)의 도리를 들어 해설하였다. 개인의 인권과 자유를 존중하는 새 시대에는 세대(어른과 젊은 사람) 간에 존중을 공평하게 실행해야 한다.

맹자는 어른과 젊은 사람을 다 같이 존중해야 하는 데 대해서 다음과 같이 말했다(『맹자』만장 구하 3).

> "아랫사람이 윗사람을 공경하는 것은 귀귀(貴貴)이고 윗사람이 아랫사람을 공경하는 것은 존현(尊賢)이다."

사람은 사회적 지위나 연령에 상관없이 다 같이 존중되어야 함을 가르치는 말이다. 노소 간의 공평한 섬김 관계가 마땅함을 지적한 명언(名言)이다.

시대의 변화에 따라 위계적인 사회체계는 더욱 평등하고 서로의 권위를 존중하는 민주적인 방향으로 변하고, 아랫사람이 윗사람을 일방적으로 섬기는 관습은 서로 섬기는 방향으로 변화되고 있다. 사람들의 문화적 취향이 변하고 있다. 이에 따라 존중하는 방식도 수정되고 있다.

이 책에서 존중은 부모와 자녀, 고령 세대와 젊은 세대, 아랫사람과 윗사람이 서로 존중하는 호혜적 원칙을 바탕으로 논의한다.

존중은 본 연구에서 밝혀진 바와 같이 여러 가지 방식으로 실행될 수 있다. 각각의 존중방식에 따라 존중이 실행되는 실상을 살펴보는 것이 이 책의 주요 목적이다. 다음에 식별된 존중방식들의 뜻을 밝히고 이 방식들을 한국 문화적 맥락에서 실행하는 데 관해서 해설하고자 한다.

2

어른존중 방식의 뜻과 실행

본 조사에서 부모·어른을 존중하는 방식을 조사, 식별해 본 결과(전통적 방식과 현대적 방식을 종합하여) 아래와 같은 16가지의 다양한 방식들이 드러났다. [표 3]

1) "돌봄"으로 존중
2) "순종"으로 존중
3) "의논"으로 존중
4) "먼저 대접"해서 존중
5) "인사"로 존중
6) "존댓말"로 존중
7) "음식 대접"으로 존중
8) "선물"로 존중
9) "외모"로 존중
10) "조상"에 대한 존중
11) "이웃 어른" 존중
12) "생일축하"로 존중
13) "윗자리"를 제공해서 존중
14) "상장례"로 존중
15) "동일시"해서 존중
16) "사비밀"을 지켜 존중

다음에 이 방식들을 한국 문화적 맥락에서 실행하는 데 대해서 해설하고자 한다.

[존중방식의 뜻과 실행: 해설]

1) "돌봄"으로 존중함

이 방식은 어른을 마음속에서 우러나오는 정(情)으로 보살피고, 염려해 드리고, 기쁘게 해 드리고, 안락하게 해 드리고, 불안감을 해소해 드리고, 마음에 상처를 주는 일을 하지 않고, 자주 만나 드리고, 시간을 함께하고, 개인적인 케어를 해 드리고, 음식을 장만해 드리고, 집안일을 돌봐드리고, 교통편을 제공해 드리고, 보건의료서비스를 주선해 드림으로써 표현하는 존중이다.

따라서 이 방식으로 정서적인 돌봄은 물론 수단적인 돌봄도 함께 해 드리는 것이다. 조사대상자들은 돌봄으로 하는 존중을 가장 중요시했다. 정서적 돌봄은 떨어져 사는 자녀가 전화, e-mail, 화상통화와 같은 통신방법으로도 상당한 정도로 해 드릴 수 있다. 그러나 수단적인 돌봄(손과 몸으로 직접 제공하는 보살핌과 서비스)은 방문을 해서 하거나 다른 사람에게 부탁해서 해야 한다. 그래서 이웃과 지역사회 그리고 공공단체와 정부가 제공하는 공적 돌봄서비스를 활용하게 된다. 한국의 많은 가족이 노부모와 떨어져 살면서 이처럼 공적 돌봄서비스 제공자, 즉 "제삼자" 서비스제공자(사회봉사기관, 요양원, 탁로소, 노인복지관, 자원봉사집단 등)에게 노부모를 보살피고 뒷바라지하는 일을 위탁하고 있다. 이 방법은 새 시대에 채택되고 있는 한 가지 긴요한 돌봄으로 하는 존중방식이다.

[해설]

위에서 부모・어른을 존중하는 구체적인 방식들을 분석해 본 결과 돌봄으로 하는 존중이 가장 자주 지적되고 가장 중요한 존중방식으로 드러났다.

돌봄이 존중의 중요한 부분이라는 점에 대해서는 앞장에서 지적한 바와 같이 윤리학자들의 의견이 일치하고 있다(Downie & Telfer, 1969; Dillon, 1992). 이들은 사람을 돌봄은 그를 존중하는 뜻이 담겨있고, 존중은 돌봄의 일부라고 규정한다.

돌봄은 마음과 몸을 다 같이 존중하는 방식이다. 사람을 돌본다는 것은 그가 필요로 하는 정서적 돌봄과 수단적 돌봄서비스를 함께 제공해서 존중하는 것이다. 자녀가 부모를 깊은 애정과 친밀감으로 마음에서 우러나오게 존중하는 것이기도 하지만 부모로부터 받은 깊고 끝없는 수단적이고 물질적인 돌봄에 대한 보답으로 행하는 존중이기도 하다.

우리는 부모님뿐만 아니라 젊은 가족원들도 돌보고 나아가 이웃과 사회 사람도 돌본다. 새 시대의 돌봄으로 하는 존중은 가족의 테두리를 벗어나 더욱 넓은 사회로 벋어 나간다.

[돌봄의 뜻]

돌봄으로 하는 존중은 사람에 대한 깊은 관심과 동정심을 가지고 실제적 도움과 지원을 제공하며 존중하는 것이다.

동아시아문화에서 전통적으로 강조되는 가치는 인(仁)이다. 인은 사람을 넓고 깊게 사랑하는 인간애(人間愛) 그 자체이다. 인의 기본적인 가치는 남에게 베푸는 이타적인 측은지심(惻隱之心)에 담겨있다.

측은지심은 남을 딱하게 불쌍히 여기고 남의 어려움을 나누어 가지며, 물에 빠진 사람을 보면 뛰어들어 살리고, 남의 배고픔을 나의 배고픔으로 여기는 남을 존중하는 이타적인 가치이다.

부모·어른을 돌본다는 것은 이러한 측은지심의 발로이다. 즉 그분들에 관해서 관심을 가지고, 인격을 중시하고, 복리를 걱정하고, 필요로 하는 것을 제공해 주면서 존중하는 것이다. 그래서 돌봄으로 하는 존중은 사람과 사람 사이의 관계를 유지하는데 가장 중요한 요소이며 인간관계를 끈끈하게 만들고 안정시키는 접착제 역할을 한다. 예절의 가장 중요한 조건이 바로 이렇게 인간중시적으로 존중하며 돌보는 마음씨와 행동이다.

[돌봄의 내면적 차원과 외면적 차원]

『예기』(하 내칙 12)에는 부모를 정서적(내면적)이고 수단적(외면적)으로 존중하는데 관해서 다음과 같이 구체적으로 기술되어 있다.

"아들은 부모를 즐겁게 해 드려야 하며 그분들의 의사에 어긋나는 언행을 해서는 아니 되며 즐거운 것을 보고 듣도록 해야 하며 편한 잠자리를 제공해야 한다. 아침에 일어나면 부모의 거실에 가서 문안을 드리고 공손한 말로 그분들의 의복이 따뜻한가 불편한 곳은 없는지 알아보고 만약 고통스럽거나 불편한 점이 있다고 하면, 이를 해소해 드려야 한다. 그리고 그분들이 원하는 음식을 대접해야 하며 그 음식은 맛이 있고 신선하고 연하고 향기로운 것이라야 한다."

이 구절에는 존중의 정서적인 면과 수단적(물질적)인 면이 통합되어 설명되어 있다.

[존중의 구분]

〈정서적 존중〉

정서적 존중을 이룩하는 돌봄으로써 다음을 들 수 있다.

〈정서적 돌봄: 보기〉

마음을 편하게 함
존경함
관심을 가져 드림
사랑함
뜻을 따라 드림
걱정을 들어 드림
안심을 시킴
딱하게 여김
동정함

정답게 대화를 함
친밀한 관계를 맺음
마음으로 도와 드림
말 상대가 되어 드림
권위를 인증해 드림
소원을 성취해 드림
늙어감을 딱하게 여김
생활에 만족하도록 함
고독감을 해소해 드림
등

수단적 존중은 아래와 같은 돌봄으로서 행동적인 것이다.

〈수단적 돌봄: 보기〉

용돈을 마련해 드림
식사 시중을 해 드림
건강을 유지토록 도와 드림
병간호를 해 드림
가사를 도와 드림
책, 신문을 읽어 드림
여가활동을 지원해 드림
음식구입을 도와 드림
의료비를 지불해 드림
교통편을 제공해 드림
주택유지를 지원해 드림
물건구매를 도와 드림
약 복용을 도와 드림
식사 시중을 해 드림
세수, 옷 갈아입기를 도와 드림

목욕을 도와 드림
대소변을 도와 드림
등

수단적 돌봄으로 하는 존중은 정서적 돌봄으로 하는 존중에 못지않게 노부모와 어른에게 긴요하다. 그런데 정서적 존중과 수단적 존중은 서로 연계되어 있어 수단적인 것을 하면 정서적인 것도 어느 정도 이룩할 수 있다.

하지만 두 가지 방식은 별개로 보아야 한다. 아무리 많은 물질(수단적인 것)을 제공하여도 정서적인 성과를 못 올리는 경우가 있다. 사회가 경제적으로 부유하게 되고 사회복지제도로부터 많은 공적 돌봄을 받게 되면 부모·어른은 수단적(물질적) 존중보다도 정서적 존중을 더 원하게 될 것으로 본다.

〈정서적 존중의 중요성〉

존중은 사람과 사람 사이의 정으로 찬 인간관계 속에서 진행된다. 다른 사람을 존중하지 않고서는 그 사람을 위해서 진정한 돌봄서비스를 제공할 수 없다. 이 점은 부모와 자녀 관계에서도 마찬가지이다.

"부모가 즐거워하는 것을 들려주고 보여 주도록 해야 한다"(『예기』, 하 내칙 12).

"부모의 생신을 맞이해서 오래 사시는 것을 기뻐하고 한편으로는 늙으신 것을 두려워해야 한다"(『논어』, 이인 21).

"부모의 죽음을 애도하는데 형식에 치중하는 것보다 진심으로 슬퍼하는 것이 더 중요하다"(『논어』, 팔일 4).

위는 전통적인 가족 세팅에서 부모 자녀 간에 지켜져야 하는 예를 설명해 주는 말이다.

가족 바깥의 병원이나 사회복지시설과 같은 세팅에서도 돌봄서비스 제공자들은 노환자를 돌보는 데 있어 올바른 정서적 돌봄을 실행해야 한다. 제공자가 따뜻한 심정으로 노환자를 맞아 주고, 이분을 인격을 지닌 소중한 사람으로 존중하며, 이분의 개인적인 생활 스타일과 신조를 존중하는 마음가짐, 즉 정서적인 요건을 갖추어야 한다.

돌봄서비스 제공자는 존중의 내면적인 차원과 외면적인 차원을 통합해서 어른을 존중하는 예절을 지킬 수 있어야 한다.

2) "순종"으로 존중함

어른의 말을 따르고 그분의 말에 귀를 기울여 드림으로써 존중하는 방식이다. 어른의 말이 옳다고 볼 수 없을 때는 공손히 그분의 말이 잘못되었음을 지적해 줄 수 있다. 어른도 젊은 사람의 말을 따를 수 있다. 즉 그의 말에 귀를 기울이고 그의 의견을 존중하며 가족과 사회에 이득이 되는 의견을 받아들이는 것이다. 이런 세대 간의 교호적인 존중은 사실 많은 가족이 이미 일상적으로 실행하고 있다.

[해설]

젊은 사람들은 대개 그들의 부모나 친척 어른의 도움이 되는 말을 들으며 따른다. 직장에서는 상사의 충고나 지시를 따른다. 학교에서는 학생이 선생의 지시를 따른다. 가족 중심적이고 집단 중심적인 한국문화에서는 순종해서 하는 존중을 하나의 사회적 규범으로 삼아 왔다. 그러나 연장자와 연소자의 사회관계가 비권위주의적이고 상호 존중하는 방향으로 전환함에 따라 연장자에게 무조건 복종하기보다는 이들의 이야기를 귀담아 들어주는 식으로 경의를 표하는 젊은이가 많아졌다. 이와 함께 자기를 많이 낮추어 복종하는 관습이 줄어들고 적게 낮추면서도 존중을 표하는 방식이 택해지는 경향이다.

가정생활에서 행하는 순종은 주로 부모가 평생 쌓아온 경험과 지혜를 존중하여 개인의 일, 가정의 일, 지켜야 할 관습 등에 관한 이분들의 의견과 충고를 받아들이고 따르는 존중방식이다. 또 하나의 방식은 그분의 말을 성실하게 귀담아듣고 이해하려고 노력하는 것이다.

한국, 중국 및 일본을 포함한 동아시아 나라 사람들은 전통적으로 어른 - 부모, 친척 어른, 선생, 선배, 윗사람, 이웃 어른 - 에게 순종하는 관습을 지켜 왔다. 순종이란 존중하는 분의 의사와 내가 받드는 집단의 이념과 지시를 따르는 것으로서 다음과 같은 유형으로 나누어 볼 수 있다.

· 어른의 말 또는 지시를 따름
· 내가 받드는 집단의 뜻을 따름
· 법과 사회규정을 따름
· 종교적 교리를 따름
· 내가 한 서약을 따름
· 배우자의 말을 따름
· 고용주의 지시를 따름

우리는 순종과 관련된 역사적 변화에 대해서 알고 있어야 한다. 우리의 조상은 왕(임금)에게 무조건 충성을 강요당했다. 임금에 대한 충성이 부모에 대한 효보다도 더 위에 있었다. 전제주의적 정치체제에서 위계적인 사회체계가 유지되었고 그 체계 밑에서 군주와 권력자에 대한 무조건적인 순종이 행해졌다.

이러한 맥락에서도 부모에 대한 효는 그 성질이 달랐다. 효는 나를 낳아 주시고 키워 주신 부모님의 은혜에 감사하고, 이 막중한 은혜를 갚기 위해 자녀가 행하는 인간의 천성(天性)에서 우러나오는 자연적 행위이다. 부모에 대한 순종도 이러한 행위의 하나라고 볼 수 있다.

새 시대에는 통치자와 권력자에 대한 복종과 부모에 대한 순종을 구별할 수 있다. 통치자와 권력자에 대해서는 그들의 행실이 부당하다고 판단할 때는 복종하지 않을 수 있게 되었다. 투표 행위를 포함한 정치 사회적 수단으로 이런 불복종을 실행할 수 있다.

부모님의 말씀이나 지시도 무조건 순종해야 하는 것은 아니다. 『예기』에는 부모님의 말씀이 도저히 받아들일 수가 없는 내용이면 자녀는 그분들에게 이견(異見)을 제시할 수 있다고 했다. 이것을 부모님에게 간(諫)을 하는 것이다(『예기』, 하 12). 그러나 자녀는 간을 하되 어디까지나 공손하고 부드럽게 부모님의 말씀에 그릇된 점이 있음을 알려드려야 한다고 했다.

오늘날 진보적인 어른은 무조건 젊은 사람들에게 순종을 요구하거나 기대하지 않는다. 자기들 스스로 젊은 사람들의 모범이 되고 이들에게 도움이 되는 일을 해서 이들이 자기를 따르도록 하는 경향이다.

이렇게 해서 젊은이의 마음에서 우러나오는 순종을 받을 수 있다. 즉 순종을 사는 것이다. 세대 간의 관계가 호혜적인 방향으로 진전됨에 따라 이렇게 어른 측에서 순종을 사는 방식은 시대적 변화에 맞는 것으로 보게 되었다.

서로 존중하는 관계에서는 무엇보다도 윗사람과 아랫사람, 젊은 사람과 고령자가 서로의 권리와 의견을 존중하며 예절을 지켜

나간다.

〈순종과 예〉

전통적으로 가족원들의 관계는 부모 중심으로 연령에 따라 조정되었다. 가족원들은 가장인 부모를 존중하고 그분들에게 순종했다. 이렇게 하는 것이 가정의 규율이었으며, 어린이는 이 규율을 지키도록 어릴 때부터 사회화되었다. 규율은 사회체계의 질서를 이루는 예절의 요소이다.

규율은 어릴 때부터 받아온 자제된 행동을 말한다. 부모 특히 어머니는 어린아이에게 사랑을 베풀면서 올바른 행동을 지키는 규율을 가르친다. 이런 사회화 과정에서 아이는 어머니의 요구와 기대에 순종하는 버릇을 기르게 된다. 자라서 학교에 가면 계속 이런 규율을 지키고, 착한 행동을 하도록 교육을 받는다. 예의범절(禮儀凡節)은 이런 과정을 통해서 테두리를 갖추게 된다.

〈순종과 문화적 차이〉

순종으로 하는 존중에 대해서는 서양과 동양 사이에 문화적 차이가 있다. 동양은 일반적으로 위계적이고 집단주의적 문화를 가지는 경향이 드러나며 서양은 개인주의적인 경향이 강한 문화를 가진다.

위계적인 문화에서는 윗사람의 지시를 아랫사람이 받는 경향이 뚜렷하며 비위계적인 사회에서는 두 사람의 처해 있는 맥락에서 상호평등 원칙에 따라 서로의 의견을 받아들이는 조치를 취한다.

서양에서는 순종은 바람직하지 못한 문화적 행위라고 보는 경향이 있다. 20세기 중반부터 서양문화에서는 권위에 대한 존중이 현저히 줄어들었다. 개인의 윤리 도덕적 판단을 더 중요시하게 된 것이다. 그러나 부모에 대한 순종은 앞에서 논한 바와 같이 그 성질이 다르다. 동서양의 차이가 무색해진다. 순종과 관련된 서양의 대철학자 I. Kant(1964)의 다음 말이 생각난다.

> "성인 자녀가 부모로부터 어릴 때 받은 은혜에 감사할 의무는 영원하고 성(聖)스러운 의무이며, 이 감사는 우리에게 친절을 베푼 분을 존경하고 섬기는 뜻이 내포되어 있다."

영국의 윤리학자 A. Blackstone(2016)의 다음 말도 생각이 난다.

> "우리를 이 세상에 낳아 주신 부모에게 당연히 순종하고 이분들을 존경해야 한다."

서양 석학들의 위의 말은 부모에 대해 자녀가 순종할 의무가 있음을 시사한 것이다. 이들의 말은 앞서 인용한 동양의 공자와 그의 제자들이 한 말과 그 내용이 다를 바가 없다고 본다.

그런데 시대의 변화에 따라 순종해서 하는 존중방식이 변화되고 있다. 앞서 지적한 바와 같이 싱가포르대학의 K. Mehta 교수(1977)는 싱가포르 사람들을 조사한 결과 어른에 대한 순종/복종의 표현이 친절/공손으로 변하고 있음을 발견했다. 그리고 대만, 필리핀, 태국 등 동아시아 나라들을 조사한 미시간대학의 B.

Ingersoll-Dayton과 C. Sangtienchai(1999) 교수들은 어른의 이야기를 귀담아듣는 것을 어른존경 방식으로 사용하고 있다고 했다. 그리고 한국에서 조사한 성규탁, 김한성(2003) 교수들은 어른과 의논하는 방식이 어른 의견을 따르는 방식으로 사용되는 경향이라고 했다.

세대 간의 대등하고 공평한 관계 속에서 대화가 널리 행해지게 되면 이런 변화된 순종방식이 더욱 널리 사용될 것으로 본다, 근년에 일어나고 있는 이러한 변화는 새로운 시대적 동향을 반영하고 있다.

새 시대의 한국을 비롯한 대다수 동아시아 나라들은 권위주의적이고 위계적인 세대 관계를 벗어나 더 평등하고 호혜적인 관계를 바탕으로 어른 세대와 젊은 세대가 서로 존중하는 방향으로 나가고 있다고 본다. 나라에 따라 이러한 변화의 속도가 다를 뿐이다.

3) "의논"으로 존중함

개인 또는 가정의 일, 지켜야 할 관습과 의식 등에 관해서 어른의 자문을 받거나 충고를 청함으로써 존중하는 방식이다. 의논함으로써 어른과 젊은 사람이 다 같이 혜택을 볼 수 있다. 젊은이는 경험, 지식, 지혜를 쌓은 어른으로부터 필요한 정보와 도움을 받을 수 있다. 어른은 젊은이를 도와줌으로써 보람을 느끼고 자기가 사회적으로 쓸모가 있다는 인증을 받는 데 대해 만족하게 된다. 어른도 젊은이에게 특정한 주제에 관한 의견을 묻고 그것이 도움이 되면 받아들일 수 있다. 이처럼 의논을 통해서 두 세대가 호혜적으로 존중할 수 있다.

[해설]

『논어』(계씨 10)에는 다음과 같은 의논에 대한 공자의 말이 있다.

> "군자에게는 아홉 가지 생각하는 일이 있느니라. 듣는 데는 총명하게 듣기를 생각하고…말은 성실하게 하기를 생각하고…의심나는 것에는 묻기를 생각해야 한다."

그리고 『예기』(하 내칙 12)에는 자녀는 크고 작은 일을 막론하고 부모에게 물어서 처리해야 한다고 지적되어 있다. 이런 말은 모두 가정생활과 사회관계에서 사람들은 서로 의논하고 충고와 자문을 주고받아야 함을 가르쳐 주는 것이다. 의논하는 데 중요한 조건은 예를 지키며 대화를 원만히 하는 것이다.

의논할 분이 알기 쉽도록 말해야 한다. 그분으로부터 도움을 청하는 처지에서 공손한 태도로 교양 있는 말을 해야 한다. 말은 나지막하고 조용한 음성으로 부드럽게 해야 하고, 분명하게 정확히 해야 한다. 자기를 유식한 체하면 실례가 되고 대화가 순조롭게 진행되기가 어렵다.

어른과 대화나 교신을 할 때 존댓말을 해야 한다. 우리는 존경하는 낱말, 구절, 문장을 매우 다양하게 사용하는 문화적 특징을 가진다. 경어를 사용하는 방식도 어른에게 하는 것, 선배에게 하는 것, 직장의 윗사람에게 하는 것 등 다양하다.

의논할 분을 처음 만나면 그분을 불러야 하는데 이때 그분에게 해당하는 호칭을 사용해야 한다. 집안 어른을 부를 때, 직장의 윗사람을 부를 때, 선생을 부를 때, 성직자를 부를 때, 잘 모르는 어른을 부를 때 각각 그 호칭이 달라야 한다. 흔히 사용되는 호칭으로서 아버님, 어머님, 선생님, 부인, 목사님/신부님/스님, 박사님, 위원장님, 사장님, 상무님, 과장님 등을 들 수 있다. 이러한 호칭을 사용하는 데도 존중하는 마음으로 공손히 부드러운 목소리로 해야 한다.

서양사람은 존중하는 데 있어 주로 어른의 성(이름이 아닌)과 호칭(선생, 부인, 박사, 목사/신부, 의장, 위원장 등)을 붙여서 부르는 데 그치지만, 우리는 다양한 경어를 사용한다. 우리의 언어 속에는 존중의 뜻이 스며들어 있다. 그래서 언어예절(言語禮節)을 매우 중요시한다.

[유의할 사항]

『논어』(계씨 6)에는 다음과 같은 공자의 말조심에 대한 가르침
이 있다.

> "군자를 모실 때 세 가지의 과실(잘못함)이 있다. 말이 (순서가 자기
> 에게) 미치기도 전에 먼저 말을 꺼내는 것은 조급함이오, 말이 (순서
> 가 자기에게) 미쳤는데도 말하지 않음은 숨김이오, 안색을 살피지 않
> 고 말함은 눈치가 없는 것이니라."

공자가 지적한 이런 잘못은 현대인이 어른과 대화하는 데에도
지켜야 할 언어예절과 관계된 것이다. 의논할 대상은 대개 나보
다도 사회생활과 전문직에서 더 오랜 경험을 쌓았고 더 많은 지
혜와 통찰력을 가진 분이다. 이런 분에게는 정중하게 예를 표해
야 한다. 먼저 "요사이 평안하십니까?"라고 인사를 하고 한두 가
지 그분을 존중하는 말을 한다. 그리고는 용건을 말한다.

일단 대화가 시작되면 나의 마음을 열고 내가 상의할 사항에 대
해서 솔직하게 말한다. 대화에서 존중을 나타내는 방법은 그분의
말을 귀담아듣는 것이다. 그분의 지도를 받기 위하여 의논하기 때
문이다. 그분의 말의 요점을 메모해 두는 것이 좋다. 질문이 있을
때는 질문을 해도 좋겠냐고 양해를 구한 다음 겸손하게 질문한다.

대화할 때 필요에 따라 다음과 같은 말을 한다.

> "감사합니다."
> "미안하지만…해 주십시오."
> "그래도 좋습니다."

동료와 상의하는 경우에는 상대편의 경험과 지혜를 나를 위해 활용하고자 하기 때문에 (반말을 쓰지만) 겸손하고 존중하는 마음으로 그의 말을 들어야 한다.

상대편이 말을 하면 바로 대응해서 말하면 실례이다. 그래서 상대가 말을 하면 그의 말을 계속 듣기 위해서 마음속에서 하나에서 열까지 세는 것도 하나의 참고 듣는 방법이 될 수 있다.

다음에 어른과 대화할 때 유의할 사항들을 몇 가지 더 적어 보고자 한다. 이 사항들은 모두 어른을 존중하는 언어예절에 관련된 것이다.

고령의 어른은 말하는 것이 흔히 더디고 한 말을 되풀이하며 어떤 점에 대해 길게 이야기하는 경향이 있다. 어른이 말하는 것이 답답하고 지루하여도 그분을 존중하는 뜻에서 긍정적으로 이를 받아들이도록 한다.

다음과 같은 사항에 유의하면서 대화를 해나가는 것이 옳다.

* 약속 시각을 지킨다.
* 대화에 앞서 의논할 어른에게 존중하는 칭호를 사용하여 정중히 인사한다. 잘 모르는 분에게는 나의 직업, 지위 등을 알린다.
* 나의 명함을 그분에게 드리거나 그분의 명함을 받을 때는 두 손으로 주고받는다.
* 의논할 사항을 말한다.
* 전문용어를 사용하지 않는다.
* 존경하는 마음이 말에 담기도록 공손히 말한다.
* 어른이 말할 때 귀를 기울이며 이해하려고 노력한다.
* 어른이 말하는 도중에 끼어들지 않으며 어른이 말을 끝낼 때까지 기다

린다.

* 인내심이 있게 말을 듣는다.
* 질문할 때 그분의 양해를 정중히 구한다.
* 대화 도중 자리를 떠야 할 때는 그분의 양해를 구한다.
* 어른의 청력을 파악해서 내가 할 말의 크기와 속도를 조절한다.
* 전화하는 경우에는 통화할 요건을 미리 정리해 둔다.
* 대화를 마치면 끝낸다고 말한 다음 인사를 하고 자리를 떠난다.

위의 사항들은 어른과 면담이나 전화를 할 때 유의해야 할 점들이다. 우리의 문화적 맥락에서는 이러한 사항들을 지키는 것이 예절로 되어있다. 일상생활에서 전화해서 의논하는 사례가 많아졌다. 전화의 단점은 상대편의 표정과 동작을 볼 수 없다. 그러나 직접 만나서 이야기하는 데 못지않게 상대편과 나 자신의 마음가짐과 태도에 신경을 써야 한다.

상대편이 전화를 받으면 그에게 인사를 하고 자기를 소개한다. 상의할 일이 있음을 알리고 내가 상의할 사항에 대해서 의견을 말해줄 수 있는지를 물어본다. 의논에 응해 줄 의사가 있다고 하면 고맙다고 한 후, 위의 사항들을 참고하면서 대화를 진행한다. 대화가 길어지면 상대편의 시간 사정을 묻는다. 의논이 끝나면 정중히 사의를 표한다.

오늘날 사람들은 나 개인의 취향에 맞추어 사는 경향이 있다. 하지만 대다수는 다른 사람이 자기를 존중해주기를 바라고 있다. 이런 기대는 상호교환을 통해서 충족할 수 있다.

위와 같이 의논은 두 사람이 서로 존중하면서 돌봄을 주고받는 교환방식이다.

4) "먼저 대접"해서 존중함

한국의 어른은 먼저 대접받는 것을 매우 중요시한다. 이도 역시 문화적인 관습이라고 본다. 비교적 단순한 표현이면서도 매우 중요시되는 존중방식이다. 어른에게 도움, 서비스, 또는 편의를 먼저 제공하며, 방, 목욕실, 자동차, 승강기에 먼저 출입하도록 함으로써 존중하는 것이다. 한국인은 자동적으로 어른, 선생님, 선배에게 먼저 음식을 권하고, 먼저 자리에 앉도록 하여 이분들을 우선적으로 대접한다.

어른도 젊은 사람에게 좋은 음식을 대접해서 이들이 건강하기를 바라거나 이들의 잘한 일을 축하해 주지 않는가. 또 어른이 먼저 대접을 받고는 이에 대한 사의를 표하려 젊은이에게도 비슷한 대접을 해주지 않는가. 게다가 대다수 부모는 자기들이 먹고 쓰지 않고 자녀에게 좋은 것을 주지 않는가. 노소 간에 이처럼 우선적인 대접을 주고받는 호혜적인 예절이 이루어진다.

[해설]

먼저 섬기는 데 대해서 공자는 다음과 같이 말했다(『예기』, 상, 1).

> "무릇 손님과 함께 방으로 들어가는 자는 문마다 손님에게 사양해서 먼저 들어가지 않는다."

한국인, 일본인, 중국인은 자동으로 어른, 선생, 선배, 윗사람에 대해 먼저 대접하는 버릇이 있다. 우리는 또한 어린이, 임산부, 장애인에게도 먼저 승강기나 방을 출입하도록 하고, 먼저 서비스를 받도록 편의를 보아 준다.

한국에서는 일반적으로 중국과 일본의 경우와 같이 높은 정치적 또는 관료적 지위에 있는 사람, 사회적으로 잘 알려진 사람에게 우선권을 주는 버릇이 있다. 그래서 모임이나 행사 때에는 이런 소위 고위층 사람들을 먼저 소개하고 앞자리에 앉힌다. 인권의 동등함을 강조하는 서양 사회에서 일어나는 상황과는 대조가 된다. 미국의 경우 지역사회 모임에 참석한 대통령에게도 '미스터'라는 칭호만 붙여 부르면 대접이 끝난다.

그런데 우리에게도 매우 긍정적인 면이 있다. 일상생활에서 고령자와 연소자 간에 우선적인 대접을 주고받는 호혜적인 관습이 이어지고 있다.

부모는 자녀에게 어릴 때부터 맛있는 것, 건강에 도움이 되는 것, 좋은 것을 먼저 제공해 주지 않는가. 다수의 부모는 자기들이 이 세상을 떠날 때까지 물질적으로 또 정서적으로 자기들을 희생하면서 자녀를 돌보아 주고 있지 않은가. 그리고 자녀에게 좋은 음식을 먼저 대접해서 이들이 건강하기를 바라거나 이들이 잘한 일을 칭찬해 주고 있지 않은가.

이렇게 하는 것이 우리의 오랜 문화적 관습으로 되어와 오늘날에까지 다수의 부모와 자녀, 어른과 젊은이가 서로 존중하는 호혜적 관습을 이루어 나가고 있다.

한국은 아직도 위계적인 성향이 짙은 나라이다. 우리는 접촉하는 사람들의 사회적 지위/계급을 정하는 데 신경을 쓴다. 많은 경우 앉는 자리, 차 대접하는 순서, 먹을 것을 대접하는 순서도 연령과 사회적 지위에 따라 정해진다.

하지만 존중은 그 대상이 모든 사람(심지어 동식물에 이르기까지)을 사랑하는 인(仁)에 바탕을 둔 측은지심에서 시작된다. 측은지심은 사람을 딱하게 여기고, 살신적(殺身的)으로 돌보며 마음과 몸으로 존중하는 가치이다. 이 가치에 따라 존중은 어른에 대한 것으로부터 젊은이에 대한 것으로 자연 확장되어 가야 한다.

앞서 인용한 바와 같이 맹자는 어른과 젊은 사람을 다 같이 존중해야 한다고 가르쳤다. 그는 윗사람 존중과 아랫사람 존중은 귀중함과 현명함이 다 같다고 했다. 세대 간의 서로 존중하는 호혜적 관계의 중요성이나 당위성을 지적한 명언(名言)이다.

5) "인사"로 존중함

인사는 어린이가 태어나 제일 먼저 배우는 예절이다. 인사는 존중방식 중에서 가장 자주 사용되고 있다. 어른을 만나 몸을 앞으로 굽혀 절을 하거나 두 손을 합장하고 묵례해서 존중하는 방식이다. 요사이는 흔히 악수하거나 악수와 절을 함께해서 인사를 한다. 부모님, 친척 어른, 선생님, 이웃 어른, 직장의 상위자, 선배, 그 밖의 존중할 분을 만나면 인사를 한다.

[해설]

인사는 사람과 사람이 교환하는 데 있어 제일 먼저 하는 예절이다. 부모·어른을 만나 반가워하고, 그분에게 관심을 가지고, 경의를 표하며 그분을 중요하게 여김으로써 존중하는 방식이다.

사회생활을 하는 데 있어 첫째가는 조건으로서 인사성이 밝은 것을 치고 있다. 인사는 예의 기본이 되는 것이다.

어른에게 "안녕하십니까?", "만나 뵙게 되어 반갑습니다", "댁내 평안하십니까?"와 같은 인사말을 한다. 헤어질 때도 "요사이 날씨가 고르지 못하오니 건강에 유의하십시오", "머지않아 또 만나 뵙게 되기를 바랍니다"라고 정중하게 인사를 한다.

어른도 젊은 사람에게 "건강히 잘 있는가?", "만나서 반갑네", "자네 집안이 두루 평안하신가?", "무리하지 말고 쉬도록 하게", "자네는 어려운 이웃을 도와주고 있어 참으로 훌륭하네", "가까운 장래에 또 만나세"와 같은 인사를 하며 그를 만날 때와 헤어질 때 존중한다는 뜻을 전할 수 있다.

우리는 처음 만나는 사람에게 나의 감정과 느낌을 표시하지 않고 겸손하게 참으며 그의 대접이 좀 과분하다고 보이면 사양을 한다. 한국인의 속성인 겸손은 나를 낮추고 남을 높이는 마음씨이다.

인사가 끝나 대화를 통해 교환하는 과정에서 상대편과 나 자신의 체면을 유지하려고 애를 쓴다. 한국인은 세계에서 체면을 가장 중요시한다고 한다. 체면을 지킨다는 것은 사회관계에서 예의 바르게 행동하여 자존감과 품위를 높이려는 욕구를 반영하는 것으로 본다.

[절]

전통적인 인사방법은 절을 하는 것이다. 남자는 흔히 절과 악수를 동시에 한다. 존중을 표시하기 위해서 흔히 왼손을 오른손에 겹쳐 악수한다. 여자는 보통 고개를 약간 숙여 인사하고 악수는 하지 않는다(서양 여자는 남자에게 손을 내밀며 악수하도록 한다).

[몸짓]

인사를 할 때 친한 사람이 아닌 상대편의 몸에 손을 대면 실례가 된다. 인사할 때 아랫사람이 어른(윗사람, 고령자)을 똑바로 바라보는 것은 삼가는 것이 좋다. 가볍고 짧게 쳐다보도록 한다.

[만날 때]

약속 시각을 지켜야 한다. 약속 시각에 만나지 못하게 되면 늦어진다는 연락을 반드시 해야 한다. 만나면 다음과 같은 인사를 한다.

우선 자기를 소개하는 경우를 들어보자. 첫인사할 때는 보통 다음과 같은 말을 한다.

> "안녕하십니까?"
> "저는 김〇〇입니다."
> "잘 부탁합니다."

어른과 사람들 앞에서는 자기를 "저"라고 부른다. 상대를 부를 때는 그의 직책이나 직급을 알면 보통 "님"을 붙여서 부른다(예: "박 선생님" "조 과장님" "이 기사님"). 모르는 분에게는 "어르신" "부인" "선생님"을 붙여 부른다(예: 남 어르신, 송 부인, 장 선생님).

부드럽고 나지막한 소리로 존중하는 표정으로 부른다. 그리고 온화한 얼굴로 따뜻한 느낌을 주도록 한다. 사람을 만날 때는 공사를 막론하고 명함을 준다. 명함은 두 손으로 글자를 상대편이 읽을 수 있도록 건넨다. 그리고 내가 받는 명함도 두 손으로 받아 읽어 보고 책상 위에 놓아둔다. 바로 명함 케이스에 넣지 않는다.

최근에는 인사로 하는 존중방식이 변화되고 있다. 몸을 굽히는 정도가 낮아지고, 고개도 그 전보다 덜 굽힌다. 몸을 굽혀서 인사하는 대신 악수를 하는 경우가 많아졌다. 인사말도 복잡하지 않게 간단하고 짧게 그리고 쉬운 표현으로 변하는 경향이다.

6) "존댓말"로 존중함

어른과 대화를 하거나 교신을 할 때 존댓말을 해서 존중하는 방식이다.

(몸의 동작 또는 제스처는 물론) 사용하는 말(명사, 동사, 전치사, 후치사, 구절, 문장)에 따라 존중하는 정도가 달라진다. 어른을 부를 때 그분의 이름 다음에 그분의 칭호(회장님, 선생님, 여사님, 박사님, 과장님, 선배님, 어르신 등)를 붙여 존중을 표해야 한다.

어른도 젊은 사람에게 존중하는 뜻이 담긴 표현은 할 수 있다. 예를 들어 '군', '양' 또는 '미스터', '미스'를 젊은 사람의 이름 다음 그리고, 앞에 붙여 부른다든지, "이렇게 해주기를 바라네", "수고를 해주어 고마워요" "여러분의 건투를 빕니다" 등의 표현을 하여 젊은 상대에게 존중하는 뜻을 전할 수 있다.

[해설]

우리 문화에서는 존중하는 표현이 매우 다양하고 복잡하다. 표현하는 방식이 상대의 신분과 주변의 상황에 따라 달라진다. 어른에게 하는 것, 선배에게 하는 것, 직장의 윗사람에게 하는 것, 경사 때 하는 것, 초상 때 하는 것이 모두 다르다. 존댓말은 상대편을 높이고 존중하는 말이다. 즉 상대편에게 나를 낮춤으로써 그를 높여 주는 표현이다.

『예기』에는 이 점에 대해서 다음과 같이 지적되어 있다(『예기』,

상 곡례 1).

"예라는 것은 자기를 낮추고 남을 높이는 것을 원칙으로 한다."

기독교의 『성서』에도 위의 말과 유사한 다음과 같은 가르침이 있다.

"무릇 자기를 높이는 자는 낮아지고 자기를 낮추는 자는 높아지리라" (누가복음 14:11).

유교문화권에서는 겸손을 중시하고 있다. 겸손은 사람을 존중하는 가치이다. 겸손한 사람은 다른 사람 앞에서 오만하지 않고, 나를 낮추고, 남을 높이며, 남으로부터의 칭찬을 사양하고, 남의 의견을 받아들이는 말과 행동을 한다. 이 가치는 오랜 세월 동안 한국인의 일상생활 깊숙이 스며들어 시대가 바뀐 오늘날에도 사회문화적 특성으로 상존하고 있다(나은영, 차유리, 2010; 한국갤럽, 2011.01.31).

존댓말은 두 가지로 나눌 수 있다. 상대편을 "높이는 말"과 나를 "낮추는 말"이다.

우리말의 남을 존중하는 표현은 낱말, 구절에 나타나며, 전치사와 후치사로도 표현되고, 어미(말끝)와 어두(말 첫머리)에서도 나타난다. 문장 전체가 존중하는 내용으로 되어 있는 경우가 있다. 그리고 나를 낮추는 표현도 다양한 낱말들로 이루어진다.

[상대편을 높이는 말]

〈낱말〉

예: 말씀(말), 연세(나이), 진지(식사), 병환(병)

〈말끝(접미어)〉

예: 아버님(아버지), 선생님(선생), 아드님(아들), 기사님(기사), 과장님
(과장), 여러분(모두), 친구분(친구), 내외분(내외), 형제분(형제), 아
버님께서(아버지가), 선생님께서(선생이), 하십니다(한다), 주십니다
(준다), 가십니다(간다), 입으십니다(입는다), 계십니다(있다), 하겠
습니다(하겠다), 여쭈어 드리겠습니다(말해주겠다), 전해 드리겠습
니다(전하겠다), 올릴 말씀이 있습니다(할 말이 있다)

[나를 낮추는 말]

주로 나 자신과 내 가족, 나의 편에 속하는 사람들에 대해서 낮
추는 말을 사용하여 상대편을 상대적으로 높이는 표현이다. 이런
표현은 동아시아 사람들의 독특한 문화적 관습이고 언어예절이다.
서양문화에서는 보기 드문 것이다. 다음은 이런 표현의 예이다.

돈아(豚兒: 나의 돼지 같은 아이)
폐사(弊社: 나의 값이 없는 회사)
졸작(拙作: 나의 보잘것없는 작품)
아이놈(나의 대단치 않은 아이)
집사람(내 집만 지키는 처)
조품(粗品: 내가 주는 값없는 선물)

[어른과 대화할 때 유의할 점]

어른과의 가족관계 및 사회관계에 따라 부르는 호칭이 달라야 한다. 호칭은 상대편을 가리켜 말하는 명칭이다. 그런데 호칭은 상대방의 가족관계, 연령, 사회적 지위에 따라서도 다를 수 있다.

어른을 직접 부를 때, 돌아가신 어른을 부를 때, 나 자신을 어른에게 말할 때 그 호칭이 각각 다르다. 그리고 아버지를 직접 부를 때, 다른 어른 앞에서 자기 아버지를 부를 때, 사돈어른을 부를 때, 직장의 윗사람을 부를 때, 모르는 어른을 부를 때 각각 그 호칭이 달라야 한다.

가장 흔히 사용되는 호칭으로는 아버님, 어머님, 선생님, 부인, 박사님, 위원장님, 과장님 등을 들 수 있다. 어른에게는 이런 호칭을 사용하는 것이 옳다. 그리고 이러한 호칭을 사용하는 데에도 상대편을 존중하는 마음이 담긴 목소리로 해야 한다. 즉 언어예절을 지켜야 한다.

[젊은 사람을 존중하는 말]

부모와 어른이 자녀와 젊은 사람에게 똑같은 존댓말을 사용할 수는 없으나 젊은 사람을 존중하는 뜻이 담긴 말은 흔히 사용한다. 예를 들어 '군', '양'을 성 다음에 붙여 부르고(김 군, 박 양), '미스터', '미스'를 젊은 사람의 이름 앞에 붙여 부르며(미스터 김, 미스 김), "이렇게 해주기를 바랍니다(또는 바라네)", "여러분들의 노고에 감사하오," "김 양/김 군 생일을 축하하네", "이 문제에 대한 자네 의견은 어떤가?" 등 표현을 하는 것은 젊은 상대를 존중하는 뜻이 포함되어 있다. 기성세대는 앞으로 이러한 젊은 세대를 존중하는 표현을 더 많이 사용해야 하겠다.

[유의할 점]

존댓말을 사용하는 데 있어 또 한 가지 유의할 점은 어른이 알아듣기 쉽도록 말하고 고운 교양 있는 말을 해야 한다는 것이다.

오늘날 산업화된 사회에서도 어른에게 존댓말을 하는 예절을 중요시한다. 서양사람들은 주로 어른의 성(姓)과 호칭(선생, 부인, 박사, 목사/신부, 의장, 위원장 등)을 붙여서 부르는 데 그치지만, 한국과 다른 동아시아 나라 사람들은 위와 같이 다양한 존댓말을 한다. 우리 언어 속에는 어른을 존중하는 뜻과 표현이 스며들어 있다.

어른이 알아듣기 쉬운 말, 전문용어가 아닌 일반 사람이 알아들을 수 있는 말을 사용해야 하며 존중하는 마음이 말 속에 담기도록 부드럽고 조용하고 정확하게 말해야 한다.

고령의 어른은 일반적으로 말하는 것이 더디고 한 말을 되풀이하며 어떤 점에 대해 길게 이야기하는 경향이 있다. 이분들의 말하는 것이 답답하고 지루하여도 존중하는 뜻에서 인내심을 가지고 긍정적으로 받아들이도록 한다.

고령자는 청력이 약해져 다른 사람의 말을 명확히 듣지 못하는 경우가 많다. 이런 분과 대화할 때는 그분이 어느 정도 다른 사람의 말을 들을 수 있는가를 파악해야 한다.

우리는 서양인과 달리 인사를 하고 나면 상대편의 개인적 신상(나이, 종교, 출신학교, 혼인상태 등)을 묻는다. 그 이유는 내가 그분을 존중해야 할 정도와 대우할 정도를 파악하기 위해서 묻는 문화적인 버릇이다. "아니요", "안됩니다" 등 부정적인 표현은 잘 사용하지 않는다. 우리는 당혹함, 충격, 노여움을 웃음으로써 감추는 문화적 성향이 있다.

〈존댓말의 구분〉

존댓말은 세 가지로 나눌 수 있다. 존경어(尊敬語), 겸양어(謙讓語) 및 친절어(親切語)이다.

존경어는 상대편 사람과 그의 행동이나 상태를 직접 존중하는 말이다. 겸양어는 자신의 것과 나의 편에 속하는 것(예: 내 가족, 나의 직장, 나의 업적 등)에 대해서 낮추어 말하여 상대적으로 상대편을 추켜 올리는 말이다. 친절어는 말을 친절하게 하여 상대편에게 경의를 표하는 말이다. 시대의 변천에 따라 존댓말의 표현도 변화하고 있다. 좀 더 짧고 간단하며 단순하고 쉬운 표현으로 바뀌는 경향이다.

7) "음식 대접"으로 존중함

식사나 음료를 대접해서 존중하는 방식이다. 존중하는 분에게 음식을 대접하는 것은 오랜 세월 동안 실천되어 온 우리의 전통적 관습이다. 그분의 식성과 기호에 따라 음식을 정성껏 장만하여 드린다. 음식 대접은 존중하는 마음으로 해드려야 한다.

[해설]

효에 관한 이야기에는 으레 효성스러운 자녀가 노부모에게 애써 구한 음식을 대접했다는 내용이 들어 있다.

그런데 음식 대접은 부모가 자녀에게 어릴 때부터 성인이 될 때까지 아니 그 후에도 그분들의 신체적 능력이 가실 때까지 정성으로 해주는 존중방식이 아닌가. 아마도 이 음식 대접이야말로 오히려 부모가 자녀에게 더 많이 해 주는 존중방식이라고 해도 과언이 아닐 것이다. 음식 대접은 사람들이 서로 존중하는 모습을 보여 주는 좋은 보기이다.

〈식사 때 유의할 점〉

가정 바깥의 사회 활동에서 연회나 파티를 열어 회식하며 교제하는 것도 서로 존중하는 활동이다. 이런 활동을 함으로써 친숙한 분위기 속에서 상대편을 개인적으로 알게 되고 앞으로의 교환을 진전시킬 수 있다.

회식하는 데는 다음 사항에 유의할 필요가 있다.

- 초대자가 정해 주는 자리에 앉는다. 대개 좋은 자리는 앞문을 바라볼 수 있는 자리이다.
- 좋은 자리에 앉도록 해 주면 고맙다고 사의를 표해야 한다.
- 식사하는 동안에는 말을 하지 않는다. 사교적 또는 사업과 관련된 대담은 식사가 끝나서 한다.
- 마실 것이나 먹을 것은 오른손으로 받는다.
- 다른 사람이 나의 잔을 채워 주는 것이 관례이다. 그래서 나도 다른 사람의 잔을 채워 주어야 한다. 더 이상 마시지 않으려면 잔에 마실 것을 남겨두면 된다.
- 초대한 사람이 음식값을 지불한다. 그러나 누군가가 지불하겠다고 나서면 예외가 된다.

8) "선물"로 존중함

이 방식은 앞서 논한 유교 경전 섭렵 과정에서 찾아보지 못한 존중방식이다. 아마도 전통적 유교 문화에서는 물질적인 것을 주어 사람의 환심을 사는 방식을 바람직하게 보지 않았기 때문에 선물에 대한 말이 경전에 들어 있지 않은 것 같다.

선물(쓸모 있는 물건: 돈, 옷, 일용품 등)과 혜택(비물질적 도움: 편의, 혜택 등)을 제공하여 존중하는 방식이다.

선물은 존중의 표시임은 물론 상대방을 원조하는 뜻이 담겨있다. 고령의 부모·어른은 돈을 포함한 쓸모 있는 물건을 선물로 받는 것을 매우 즐거워하고 고맙게 여긴다. 애정이 담겨있는 카드, 꽃, 전에 찍은 사진, 건강에 관한 책 등을 보내는 것도 좋은 방법이다.

선물도 역시 어른이 젊은이에게 주는 경우가 많다. 자녀가 공부를 잘하도록, 집안의 자랑이 될 일을 해서 그에 대한 감사를 표시하려고, 그리고 앞으로 일을 잘 하도록 격려하려고 전하는 경우가 많다.

그리고 어른에게 발언이나 사회 또는 기도를 할 기회를 부여하는 동시에 특별한 역할이나 기회를 제공하는 방법으로도 존중할 수 있다.

[해설]

이 방식도 우리 사회에서 오랜 세월을 두고 행해져 온 문화적 관습이다. 다른 사람에게 애정과 돌봄을 베푸는 인(仁)에 바탕을 둔 가치의 표현이라고 본다. 하지만 김영란법이 시행됨에 따라 어른에게 선물하는 데 조심스러워야 하게 되었다. 근년에는 여러 가지 편리한 물품들이 생산되고 사람들의 기호도 다양해져 이를 자유롭게 구득할 수 있도록 현금(돈)을 선물하는 경우가 많아졌다.

그리고 어른에게 모임에서 발언을 하거나 사회를 하는 역할을 부여하는 것은 현금 못지않게 적절한 존중방식이 될 수 있다.

우리는 집안 어른, 윗사람, 선생, 중요한 사람 등 존중하는 분을 만날 때 선물을 해야만 하는 심정, 주지 않으면 유감되고 마땅치 못하여 후회하는 성향이 있다. 이런 성향은 주어도 그만 아니 주어도 그만인 서양사람들의 관행과 대조된다.

선물하는 것은 뇌물로 보이기도 하고 예절로 보이기도 하는 애매한 경우가 흔히 있다.

그래서 조심스러운 사람은 지나치게 비싸지 않아 상대편이 부담스럽게 여기지 않을 물건을 골라서 선물한다. 상대편에게 지나친 부탁을 하기 위하여 또는 상대를 매수하기 위해서 선물하는 짓은 예가 되지 않는다. 선물할 때는 이런 점을 조심스럽게 생각하고 해야 한다.

어떻든 한국사회에서는 선물을 주는 일이 매우 잦다. 선물을 받는 사람은 이를 갚기 위해 준 사람에게 선물을 하기 때문에 선물의 교환 활동이 많아진다.

초대를 받아 갈 때나 어떤 단체를 방문할 때는 간단한 선물을 가지고 가도록 한다. 선물로서는 내가 사는 고장의 표시가 들어 있는 토산품이나 고장의 로고(logo)가 박혀 있는 물건이 적당하다. 선물은 질이 좋은 것이라야 하지만, 너무 값비싼 것이면 적당치 않다. 왜냐하면, 받는 사람에게 부담을 주기 때문이다. 그 사람도 그만큼 비싼 것을 나에게 선물하게 만드는 것이다.

선물은 전달하고 나면 받은 사람이 그것을 바로 개봉하지 않는다. 손님이 가고 난 뒤에 열어보는 것이 관례이다. 여러 사람에게 선물할 때는 윗사람에게 값이 더 있는 것을 먼저 주고 아랫사람에게는 비슷한 물건이라도 값이 좀 낮은 것을 주는 것이 관례이다.

선물은 잘 포장해야 한다. 밝은색 포장지를 사용한다. 노란색, 검은색 및 붉은 색(중국은 제외) 포장지는 사용하지 않도록 한다.

작은 공예품, 책상 위에 둘 수 있는 기념품, 꽃, 과일, 케이크, 양질의 주류, 초콜릿이 좋다. 여자에게는 술을 선물하지 않는다. 칼과 가위를 선물로 하지 않는다. 이런 것은 서로의 관계를 끊는 것을 상징한다. 4자를 상징하는 것은 죽음을 의미하기 때문에 금물이다.

9) "외모"로 존중함

존중하는 어른을 만날 때 머리를 빗고, 용모를 가다듬고, 의복을 단정하게 입고서 공손한 태도를 갖추는 방식이다.

이 방식은 우리 문화에서 노소 간 사회관계에서 지켜야 할 하나의 기본적인 예절이다. 흔히 형식적인 겉치레라고 하지만 이는 오랜 문화적 관행이라 바꾸지를 못하는 것 같다.

어른도 젊은 사람을 대할 때 이 방식을 흔히 사용한다. 예를 들어 어른이 젊은 사람들이 베푸는 향연이나 모임에 임할 때, 교사가 학생들 앞에서 강의할 때, 사장이 직원들 앞에서 훈시할 때 외모를 단정하게 하고 임한다.

자녀가 자라날 때 부모는 가정 밖에서 바른 용모를 갖추도록 꾸며주고 타이른다. 특히 가정 밖에서 외모를 갖추는 것이 가족의 체면에 관계된다고 주의를 환기시킨다. 이렇게 자란 자녀는 성인이 되어 신체적으로 부자유한 노부모의 외모를 꾸며 드리고, 그분에게 편리하고 알맞은 의복을 골라 입혀 드리고, 색깔과 모양이 좋은 구두를 맞추어 드리고, 미용실에 모시다 드리며 화장을 돌보아 드린다. 이처럼 세대 간의 교호적인 존중이 이 방식을 사용하는 데도 이루어진다.

[해설]

형식과 의식(儀式) 같은 상징적(象徵的)인 것을 중요시하는 우리 문화에서는 외모를 갖추는 것은 사회적 교환을 하는 데 지켜야 할 예절이다.

우리는 외형(外形)과 실질(實質)을 연관시키는 성향을 지닌다. 사회관계에서 단정하고 겸손한 외모를 갖추어 품위를 세워 체면을 유지하려고 애쓴다. 외모를 갖춤은 체면치레를 하는데 긴요하다. 한국인은 전 세계에서 체면치레를 가장 중요시한다. 체면치레는 다른 사람이 나를 좋게 평가해 주기를 바라는 것이기도 하지만, 나를 낮추고 남을 높여 줌으로써 그의 체면을 지켜 주는 것이기도 하다. 서로를 존중하는 것이다.

예의범절에 관한 규칙을 기술해 놓은 『예기』(내칙 하 12; 관의)에는 사람의 외면적 표현(외모)인 몸가짐의 중요성이 지적되어 있다.

그리고 『논어』(태백 4)에는 용모를 갖추고, 안색을 바르게 하고, 의복을 반듯이 입고, 모습을 단정하게 하여 예의를 지킬 것을 강조하고, 예의의 시작은 외관을 정중하게 갖추는 것이라고 했다. 외모를 갖추는 데 대해서는 위의 구절 외에도 유교 경전 여러 군데서 지적하고 있다.

이 말들은 우리 조상이 지켜온 유교적 예절을 가르쳐 주는 교훈이다. 이 교훈을 따라 외모를 갖춤이 나와 내 가족의 체면과 위신에 관계되는 중요한 예의라고 보아 왔다.

외모를 갖춘다는 것은 머리를 다듬고 자세와 태도를 바르게 하여 사람을 만나는 것이다. 모습은 사람의 마음을 반영하는 것으로서 항상 바르게 가지도록 노력해야 한다.

얼굴 모습도 고르게 해야 한다. 웃을 때 이가 드러나지 않게 하고, 이상한 표정을 하지 않으며, 슬픔도 몸을 가누어 표현토록 하는 것이다. 그리고 말을 하는데 조심하고, 인사를 바르게 하고, 사람에게 부탁할 때는 예를 갖추어서 한다. 이렇게 하는 것이 여러 사람과 어울려 사는 사회인으로서 마땅히 지켜야 하는 예절이다.

공적인 모임에서 남자는 보통 보수적인 약간 흐린 검은색, 회색, 감색의 정장을 한다. 여성도 역시 검은색, 감색 등의 정장에 흰 블라우스를 입는 게 보통이다. 윗도리는 앉아 있을 때를 제외하고는 항상 단추를 하나 이상 잠그고 착용한다.

짙은 검은색은 힘을 상징하며 감색은 권위를 상징한다. 회색은 성공과 신뢰성을 상징한다. 어떤 색은 문화에 따라 다른 뜻을 가진다. 따라서 색을 고를 때는 조심해야 한다. 사교를 위한 모임이나 행사에 갈 때는 그곳의 관례에 따른 복장을 하는 것이 좋다. 그 지방의 문화적 관습을 알아보고 존중해야 한다.

나의 옷차림과 용모는 나의 사회적 자격을 나타내고, 나에 대한 사람들의 신뢰감을 조성하며, 나의 다른 사람에 대한 존경을 나타내는 중요한 비언어적(非言語的) 커뮤니케이션이다. 사람들은 나의 외관을 보고 나에 대한 첫인상을 가지게 되는 것이다.

첫인상은 바꾸기 어려운 것으로서 오랫동안 사람들의 기억에 남게 된다. 좋지 않은 첫인상은 좋은 관계를 이룩하는데 장애 요인이 될 수 있다.

10) "조상"을 존중함

조상숭배의 예절이다. 조상을 숭배하는 대표적 방식은 제사를 올리는 것이다. 조상을 위한 제사는 적어도 3대에 걸쳐 조상의 기일과 명절날에 올린다. 다종교적이고 다문화적인 사회가 됨에 따라 조상을 숭배하는 방식도 다양해지고 있다.

[해설]

조상숭배는 한국을 비롯한 동아시아 나라 사람들의 중요한 문화적 관행으로서 서양문화에서 볼 수 없는 독특한 존중방식이다.

시대가 달라져도 변하지 않는 한국인 특유의 가족 중심적 존경방법이다. 효심의 대표적 표현이다. 제삿날과 경축일에 일정한 대를 앞서 세상을 떠난 조상을 존중하기 위해 제사를 올린다. 제사는 후손이 조상의 은혜에 보답하기 위해서 하는 예식이다.

〈제사〉

공자는 제사에 대하여 다음과 같이 말했다.

"제사는 조상이 살아있는 것 같이 모셔야 한다" (『논어』, 팔일 12).

그리고 맹자는 더 자세히 말했다.

"부모가 살아있을 적에는 예로서 섬기고, 죽으면 예로서 장사지내고,

예로서 제사를 지내면 효성스럽다고 할 수 있다"(『맹자』, 등문공 장구 상 2).

돌아가신 조상을 위한 제사는 기제, 차례, 시제가 있다. 기제는 돌아가신 날(忌日) 저녁에 지낸다. 차례는 정월 초하루와 추석날 (기타 명절) 아침에 지낸다. 설날에는 집안에서 지내고 한가위에 는 흔히 묘지에서 지낸다. 시제는 문중 일가가 모여 3대 이상의 모든 조상을 위해서 그분들의 묘 앞에서 봄가을 가운데 달에 날 을 골라 지낸다. 추수가 끝나고 햇곡식으로 장만한 음식과 과일로 조상에게 감사의 뜻을 표하고 집안의 평안과 영속을 기원한다.

[참조: 제사상을 차리는 방법과 제사를 올리는 절차에 대해서는 "생활예절"에 관한 책을 참고하기를 바람.]

가족 성원들이 함께 음식을 정성껏 차리고 조상의 지방과 사 진을 향해 절을 하고 제사가 끝난 뒤에 가족들이 조상에 관한 이 야기를 나눈다. 그럼으로써 젊은 세대가 가족의 뿌리를 잊지 않 고 조상으로부터 받은 혜택을 알도록 하려는 것이다. 사당을 꾸 미고, 조상의 묘를 가꾸고 조상이 이루지 못하고 남겨둔 사업과 소원을 성취하는 것은 모두 조상에 대한 존중을 표하는 것이다.

전통적으로 한국, 중국, 일본을 포함한 동아시아 문화권에서는 조상에 대한 예는 후손이 수행해야 하는 매우 무거운 의무로 되 어 왔다. 돌아가신 조상을 위한 상장례는 변함없이 지켜지고 있 다. 하지만 이 방식도 변화되어 가고 있다. 상장례가 가정 바깥 병원 영안실에서 치러지는 사례가 늘고 있으며, 조상숭배 예식을 교회와 사찰에서 행하는 가정이 많아졌다. 제사의 횟수를 줄이고, 간편하게 경제적으로 의식을 진행하며 가족생활에 편리한 제사 시간을 정하는 등 간소화되고 있다.

그러나 일본과 중국의 경우와 같이 조상숭배는 생활 정도가 높아지고 가족 환경이 달라져도 변함없이 실천되고 있다. 서양문화에서 보기 드문 동아시아의 특이한 문화적 관습이다.

11) "이웃 어른"을 존중함

이웃 어른에게 돌봄서비스를 제공해서 존중하는 방식이다. 가족의 영역을 넘어 이웃, 나아가 넓은 사회의 어른들을 존중하는 방향으로 확대되는 것이다. 원래 유교 경전에는 가족 안의 어른을 모시듯 내 가족이 아닌 분들도 사랑으로 돌보아야 한다고 지시되어 있다(『논어』, 학이: 汎愛衆而親仁).

가정에서 서로 돌보며 질서를 바로잡는 전통적 예절은 이처럼 사회로 연장되어 보다 넓은 사회의 어른을 돌보는 사회적 예를 이룩하는 방향으로 발전한다.

가족이 적어지고 흩어져 살며 가족의 자체돌봄 능력이 저하되고 있는 현실을 보아 이웃공동체가 가족을 지원하는 체계를 갖추어야 하게 되었다. 새로 시작된 커뮤니티 케어(Community Care)는 이러한 체계를 갖춘 돌봄 방식으로서 어른들에게 매우 긴요한 돌봄서비스를 제공할 것으로 본다.

[해설]

이웃공동체를 이끌고 가는 힘은 서로를 존중하며 돌보는 것이다. 사회생활의 기본윤리인 교호적 존중의 예절을 지키는 것이다. 공자는 어른존중의 실천범위를 확대하여 가족이 아닌 이웃과 사회의 어른을 섬겨야 한다고 했다(『논어』, 학이 6). 퇴계도 앞서 인용했듯이 다음과 같은 말로 이웃 돌봄을 중시하였다.

"백성은 나의 동포요, 사물은 나와 함께 사는 무리이다. 나이 많은 이를 높이는 것은 천지의 어른을 어른으로 대접하는 것이다."

"천하의 파리하고 병든 사람, 고아와 자식 없는 노인, 홀아비와 과부는 모두 내 형제 가운데 어려움을 당하여 호소할 데 없는 자이다."

위의 말은 이웃의 어려운 사람들은 모두가 나와 함께 공동사회를 이루는 형제자매로서 이들을 존중하며 돌보아야 함을 가르치는 것이다. 퇴계의 위와 같은 이웃을 존중하며 돌보는 사상의 바탕은 바로 측은지심으로 발현되는 인이다(김형오 외, 1997: 123). 측은지심은 남이 배고프면 그에게 먹을 것을 주려 하고, 남이 물에 빠지면 건져내려 하고, 남의 기쁨을 자신의 기쁨으로 여기며, 대가를 바라지 않고 저절로 남을 존중하는 마음이다.

이러한 마음으로 이웃 어른을 돌보는 데 필요한 자원을 확장해 나가야 하겠다.

〈공적 돌봄의 확장〉

사회적 지원망은 이웃 어른 돌봄을 위한 긴요한 자원이 될 수 있다. 친척, 친구, 이웃 및 사회집단이 호혜적 돌봄 네트워크를 이루어 필요할 때 서로 도와나가는 방법이다. 아울러 어른의 사회적, 심리적 및 신체적 필요에 따라 국가사회주도의 공적 돌봄을 활용해야 한다.

공적 돌봄의 양과 질을 높여야만 고령자들의 점증하는 욕구를 충족할 수 있다. 사회복지기관, 의료보건시설 등 공적 돌봄 제공자는 노부모와 가족 사이의 서로 돌봄 관계를 장려, 촉진하는 한편, 노부모가 정상적인 사회적, 심리적 및 신체적 상태를 유지하도록 도와야 한다.

노부모의 비상금 및 활동비에 대한 욕구는 사회 활동 욕구와 연관 지어 생각할 수 있다. 노인 일자리 마련 센터, 노인 능력은행, 직업안내소와 노인 복지기관은 긴밀한 협력 관계를 이루어 이분들에게 고용기회를 제공하는 한편, 알맞은 자원봉사, 레크리에이션 등 사회 활동에 참여하도록 도와야 한다.

한편 경로일 및 경로주간을 여행하고, 어른의 인권, 지위 및 안전을 신장해야 한다. 돌봄서비스 활용에 영향을 미치는 부정적 요인으로서 서비스에 대한 정보 부족, 신체기능 장애, 사회적 고립, 교통문제 등을 들 수 있다. 사회복지체계는 돌봄서비스에 대한 정보를 제공하며 관련 기관들과 협력하여 노부모들이 기초적 욕구충족에 적합한 돌봄서비스에 접근, 이용하도록 도와야 한다. 또한, 돌봄서비스프로그램을 활용할 수 없는 분들을 위해서는 이분들을 직접 찾아 돕는 추적서비스를 해야 할 것이다.

〈돌봄서비스의 방향〉

고령자들의 욕구는 매우 복합적이기 때문에 여러 가지 돌봄서비스프로그램을 개발해서 그 종류와 내용을 다양화할 필요가 있다.

지금까지의 나라의 노인복지는 노부모를 부양하는 가족에게 일차적 책임을 지도록 하고 다만 한정된 보충적 지원을 제공하는 데 끝이었다. 이렇게 책임을 소가족에게만 지도록 하는 데에는 무리가 있다. 따라서 확대된 돌봄을 제공하기 위해 이웃 - 지역사회 - 국가가 연계하여 상호보완적 기능을 수행하는 방향으로 나가야 할 것이다.

고령자도 새 노인상을 형성하기 위해서 적어도 다음과 같은 노력을 해야 할 것으로 본다. 젊은 사람들의 인격과 자유를 존중해주고, 책임성 있는 부모와 윗사람이 되고, 젊은 사람들과 조화로운 관계를 유지하고, 이들로부터 받은 도움에 감사하고, 이들에게 관심과 애정을 표시하고, 이들이 가지는 어려움에 동정하고, 이들을 보살피고 지원할 필요가 있다.

시대적 변화에 알맞은 이웃 어른을 위한 돌봄서비스를 발전시켜 나가는 한편, 이웃공동체의 돌봄과 국가주도의 공적 돌봄을 통합해서 종합적인 사회복지체계로 발전시켜 나가야 하겠다.

12) "생일축하"로 존중함

부모 · 어른의 탄생일(생신, 생일)이나 특별히 축하할 일이 있을 때 정중히 축하해 드림으로써 존중하는 방식이다.

탄생일을 축하하기 위하여 사람들을 초대해서 축하연을 열고, 탄생일을 맞는 분에게 축하의 뜻을 담은 꽃, 선물 또는 카드를 보낼 수 있다. 멀리 떨어져 있을 경우에는 전화, 이메일, 화상통화 또는 카드와 선물로 축하의 뜻을 전할 수 있다.

[해설]

2,500여 년 전에 공자는 부모의 탄생일을 잊지 않고 축하해야 한다고 다음과 같이 말했다(『논어』, 이인 21).

> "자녀는 부모의 연세를 늘 기억하지 않으면 안 된다. 한편으로는 오래 사시는 것을 기뻐하고 한편으로는 연로하신 것을 두려워해야 한다."

부모와 가족원, 그리고 친근한 분들의 생일을 맞이하여 그분들에게 경의와 애정을 표하고 우정과 친근함을 더하여 앞으로 건강하게 잘 살도록 소원하는 뜻이 들어 있는 존중방식이다.

생일축하는 동아시아문화뿐만 아니라 거의 모든 문화에서 행해지는 공통된 예절이다. 다만 종교적으로 생일축하가 금지되고 있는 일부 사회, 예로 사우디아라비아 같은 이슬람국가는 예외이다.

가족 행사 가운데서 부모의 60회(회갑) 생신은 전통적으로 중요하게 다루어졌다. 생명이 연장됨에 따라 70회(고희), 80회(팔순), 90회(구순) 생신도 이제는 가족에 따라 60회 생신에 못지않게 정중히 축하한다.

생신 선물로 좋은 음식, 의복, 건강에 관한 책, 돈 등을 드린다. 생신은 한 해 더 고령이 되는 부모님에게 일생의 중요한 전환점이 되는 시점이다. 그래서 가족들은 이때를 축하하는 겸 나이를 더하신 부모님을 위로하는 뜻에서 축하행사를 한다. 이렇게 축하하는 것은 그분들에 대한 존중과 애정을 정서적이고 행동적으로 뚜렷하게 나타내는 과시적 효과가 있다.

부모님 생신뿐만 아니라 다른 가족원들의 생일에도 부모와 함께 모여 서로 축하하고 격려하며 위로하는 행사를 한다.

어린이의 생일, 소년의 생일, 젊은 성인의 생일도 가족원들 모두가 함께 축하하는 날이다. 이들의 앞날을 축복하고 이들을 길러 주신 부모님에게 감사하는 축일이다. 생일을 축하하기 위한 파티를 열고 친구들을 초청한다. 생일을 맞은 이들에게 의복, 일용품, 책, 운동기구, 돈 등을 선물로 준다.

무엇보다도 정성을 들여 너그럽게 축하하는 마음을 가져야 한다. 그럼으로써 참다운 축하의 표현이 자연스럽게 행동과 태도로 나타날 수 있다.

가족원의 입학, 졸업, 승진, 출산 등 뜻있는 일을 축하하기 위해서 크고 작은 모임을 한다. 직장의 윗사람, 은사, 선배를 위해서도 축하행사를 한다.

축하를 위해서는 준비를 잘 해야 한다. 행사할 날짜, 시간, 장소를 한두 달 전에 가족회의를 열어 정한다. 준비할 것들(음식,

어른과 아이들의 복장/옷, 초대장, 장소예약, 여흥, 축사 등)의 명단을 작성하고 준비작업에 들어간다. 초대할 분들(생일을 맞는 분과 가족의 친지, 동료 등)을 정하고 초대장 또는 전화로 정중하게 초청한다. 행사순서(식사 - 약력 소개 - 헌화 - 축사 - 헌수 - 축가 - 송시 - 여흥 등)를 정한다. 축사할 분도 정한다. 그리고는 행사를 위한 예산을 세운다.

요사이는 가정 바깥의 호텔, 회관, 기타 행사장에서 축하하는데 이런 행사장에는 행사담당자가 있어 이들이 일반적인 행사 진행방법과 절차를 알려 준다.

〈회갑〉

환갑/회갑(60회 생신)에는 가족의 축하행사가 열린다. 자녀들은 잔치를 벌여 부모에게 축하와 경의를 표하고 장수를 축원한다.

회갑을 맞이한 부모를 방 한가운데 모시고 자녀들은 연령순으로 절을 한다. 자녀가 절을 하고 나면 부모의 형제, 조카, 친구가 절을 한다. 이런 예가 행해지는 가운데 전통음악이 연주되고 노래를 부르며 여흥도 하여 손님들이 음식을 즐기도록 권한다.

환갑을 지나고 10년 후에는 고희(70회 탄생일) 행사가 있다. 과거에는 이때까지 생존하는 어른들이 매우 적었으나 요즘은 그 수가 많아져 고희를 축하하는 가정이 늘어났다. 시대가 바뀜에 따라 축하하는 방식도 가족의 사정과 자녀의 믿음이나 가치에 따라 점차 단순화되고 경제적으로 행하는 경우가 많아졌다.

13) "윗자리"를 제공해서 존중함

공간적(空間的) 혜택을 드리는 것도 어른에 대한 존중을 표하는 방식이다.

존중하는 뜻으로 윗자리나 따뜻한 곳 또는 조용한 방을 어른에게 제공하며, 부모의 산소를 따뜻한 남향 자리, 물이 잘 빠지는 곳에 써서 섬기는 방식이다. 집터와 묘터를 고르는 데 많은 에너지를 투입하는 우리 문화에서 중요한 존중방식으로 통용되어 왔다.

이 방식도 젊은 사람에게 연장자가 사용할 수 있다. 예를 들어 부모는 자녀의 생일날, 졸업을 축하하는 모임, 자녀가 주도하는 가족회의 등에서 자녀에게 가운데 자리를 제공해 주어 그에게 축하의 뜻, 그의 역할과 그가 수행할 책임을 존중한다는 뜻을 표시한다.

[해설]

『예기(禮記)』에는 부모에게 존중의 표시로서 윗자리를 제공해야 하며 앉을 자리의 방향을 잡아 드려야 한다고 지시되어 있다 (『예기』. 상 1; 하 12).

윗자리를 제공해서 존중하는 것은 오래된 우리의 전통적 생활예절이다. 의식과 형식을 중요시하는 동아시아의 문화적 관습이다.

일반적으로 공식적인 회의나 모임에서, 그리고 만찬이나 연회에서 내가 존중하는 어른, 기타 사회적으로 중요한 사람에게 윗자리 또는 가운데 자리를 배정한다.

모임이나 연회에서 손님 중 제일 윗자리에 있는 사람에게 흔히 창문을 바라보는 가운데 자리를 권한다.

여러 사람을 초대할 때는 이들의 연령, 지위를 미리 알아두고 이분들을 앉힐 자리를 예비적으로 배치해 보는 것이 좋다. 그리고 초대할 사람들의 명패를 만들어 놓고 대접할 당일 이 명패를 손님이 앉을 자리 앞 테이블에 놓음으로써 혼란을 막을 수 있다.

주인이 윗자리나 가운데 자리를 권하면 손님은 이를 양보하는 제스처를 취하는 것이 예이다. 일단 손님들이 자리를 차지하게 되면 윗사람들이 뚜렷이 나타난다. 이때부터는 이들과 부드러운 음조로 정중하게 대화를 한다.

14) "상장례"로 존중함

이 방식은 앞서 제시한 대학생들에 대한 조사에서 지적되지 않았다. 아마도 이들이 조상존중방식을 (설문 응답에서) 앞서 이미 지적했기 때문에 조상을 위한 상장례를 더불어 지적하지 않았을 수 있다고 본다.

부모가 돌아가신 후 상례(喪禮, 돌아가신 분에게 올리는 예식)와 장례(葬禮, 매장 또는 화장에 앞서 올리는 예식)를 경건하고 엄숙하게 올림으로써 고인에게 존중과 애정 그리고 슬픔을 표하는 방식이다.

[해설]

부모님이 돌아가셨을 때 상례를 올리는 것은 자녀의 일생에서 가장 감동적이고 애통한 행사이다.

돌아가신 분을 존중하고 예를 지키기 위하여 상복을 입고, 곡을 하며, 고별예식을 지내고, 장의사, 관 및 묘를 정성 들여 선정해서 고인을 위해 매장 또는 화장을 엄숙하고 경건하게 해 드리는 존중방식이다.

친족과 친지가 사망하면 고인의 빈소를 찾아 문상해서 상주와 그의 가족을 위로하고, 이런 어려울 때 도와주고, 친족과 친지 간의 유대관계를 돈독하게 하는 관습이 이어지고 있다.

맹자는 다음과 같이 상례가 중요함을 지적했다.

"상례는 자녀의 일생에서 부모를 존중하는 가장 중요한 행사이다"(『맹자』. 등문공 장구 2).

『예기』(곡례 하 2)에도 같은 말을 해 놓았다. 그리고 『논어』(팔일 4)와 『중용』(19)에는 공자의 다음과 같은 말이 있다.

"부모의 상을 당해서는 형식적 의례보다는 진심으로 슬퍼하는 것이 더 중요하다."

위의 말과 같이 돌아가신 부모에 대한 애도를 표하기 위해 효심으로 장례의식을 올린다. 의식을 올리는 데 있어 자녀는 특별한 의복을 입고 통곡을 하며 슬픔을 표한다.

한편 (친족이 아닌) 돌아가신 분이나 그분의 가족원과 친밀한 관계를 맺은 경우, 그분의 자택(상가), 영안실 또는 장례회관으로 문상을 간다.

문상의 기본 뜻은 돌아가신 분의 죽음을 슬퍼하고 상주와 유가족을 위로하는 데 있다. 우리의 사회생활에서 행하는 매우 중요한 예절이다.

조문객이 많이 기다리는 빈소에서 상주에게 하는 인사는 다음과 같이 짧은 편이 좋다.

"어른께서 작고하셔서 얼마나 애통하시겠습니까?", "상주님의 효심을 감지하고 있습니다."

조문(弔問)할 때는 남성은 대개 검은 복장에 검은 넥타이를 한다. 여성은 어두운 빛의 정장이나 원피스를 입고 간다. 흰 복장을 하는 사례도 있다. 화려한 옷차림, 장신구, 화장을 삼간다.

호상소에서 조객록(弔客錄)에 서명하고 부의금 또는 조의품을 전달한다. (부의금은 슬픔을 나누고 상가를 도와주는 뜻에서 하는 것이다. 부의금을 넣은 봉투에는 "부의"라고 적고, 연월일, 금액, 문상자의 이름을 적는다.)

빈소에 들어가 영정 앞에서 헌화 또는 분향을 한다. 향의 경우, 세 번 눈높이에 올렸다가 향로에 꽂는다. (분향은 왼손으로 한다.) 두 번 절을 한다. (호상소의 사정에 따라 서서 절을 하는 경우도 있고 앉아서 하는 경우도 있다.) 믿는 종교에 따라 합장, 묵념 또는 십자가를 그을 수 있다. 상주에게 서로 맞절을 하고 나서 애도의 뜻을 전한다.

애도의 편지를 할 경우는 자필로 써서 보낸다. e-mail로 하는 것은 정중하지가 못하다. 장의사, 산소 및 비석도 돌아가신 부모에 대한 애정, 경의, 의무감으로 선택한다.

장례가 끝난 뒤에도 가족은 오랫동안 애도를 한다. 상장례의 기본적인 의의는 같으나, 종교에 따라 존중하는 의식이 달라질 수 있다. 장례를 위해 도에 넘치게 물질적 의례를 치르는 경향이 있다. 이런 존중방식도 점차 변화되고 있다. 장례의식이 가정 바깥에서 검소하게 이루어지고 장례방법도 간소화되어 가는 경향이다.

15) "동일시"해서 존중함

존중하는 부모와 어른, 그리고 선생과 선배의 사람됨과 말과 가치, 신념, 관점, 성품, 행동, 속성을 전적으로나 부분적으로 나의 것으로 변화시키는 것이다. 이러한 모범이 되는 점들을 고분고분하게 따라 하고(추종), 받아들이고(수용), 마음속에 간직한다(내면화). 존중하는 분의 모범을 따라 나를 변화하는 것이다.

또한, 존중하는 부모와 어른이 나를 좋아하시도록, 받아들여 주시기를 바라면서 이분들의 위와 같은 모범에 맞추어 나가기도 한다. 이러한 변화는 오랜 시간에 걸쳐 자주 만나 교류하면서 상호존중하는 관계가 이루어진 후에 하게 된다.

우리가 흔히 말하는 부전자전(父傳子傳)이 이에 해당하는 속담이다. 즉 부모가 보이는 말과 행동을 모방하여 자기 것으로 만드는 것이다.

공자의 제자들이 공자에게 여러 가지 질문을 해서 공자의 생각, 가치, 믿음을 알게 되어 이러한 모범이 되는 점을 추종, 수용, 내면화했을 것이다. 즉, 공자를 존중하며 그의 가르침을 깨닫고 (知) 이를 실행(行)함으로써 자기들의 것으로 변화해서 동일시했을 것이다.

이 존중방식도 부모·어른을 존중하는 대표적인 방식이다. 이 방식은 문화적 차이에 상관없이 예나 지금이나 동서양에서 공통으로 통용되고 있는 존중방식이라고 본다.

16) "사비밀"을 존중함

이 방식은 유교 경전에서 발견되지 못했으나 사회조사에서는 나타났다. 아마도 전통적인 유교 문화에서는 개인의 사비밀과 사생활을 중요시하지 않았기 때문에 유교 문헌에 이에 대한 말이 들어 있지 않은 것으로 보인다.

개인의 사비밀을 중시하지 않은 것은 '나'라는 개인을 '우리'라는 집단에 소속된 단위로 다루었던 가족 중심적이고 위계적이며 개인의 자유를 중시하지 않았던 구시대에 있었던 현상이라고 본다.

이 방식은 부모와 어른의 사생활을 존중하는 것이다. 이분들의 개인에 관한 정보를 별도로 격리해서 다루고, 이분들의 안전, 비밀, 독자성, 자치권을 보장하고, 이분들의 사람들과의 개인적인 관계를 보증하며, 개인의 사생활을 존중하는 것이다.

흔히 이러한 개인의 사생활을 침범하는 수가 있다. 이러한 잘못은 비윤리적이고 사람존중의 원칙에 어긋나는 행동이다. 민주주의 사회에서는 사람의 사비밀과 사생활을 보장하는 것은 매우 중요한 가치로 되어있다. 개인은 자신의 사적인 일에 대한 정보를 다른 사람에게 알릴 때, 알리는 방식 및 범위를 결정할 권리를 가진다. 이런 권리는 특히 사람을 돌보는 사회복지사를 포함한 돌봄서비스 제공자들이 지켜야 하는 엄중한 윤리적 규범이다.

통신수단이 고도로 발전되어 이의 활용이 보편화 된 오늘날 사비밀을 지키는 데는 여러 가지 어려움이 있다. 하지만 이 방식의 실행은 매우 중대한 윤리적 규범으로 되어있다. 특히 돌봄서비스 제공자들은 매우 조심스럽게 이 규범을 지켜나가야 한다.

　이상 본 연구에서 식별된 부모님과 어른을 돌보는 데서 시발하여 사비밀 존중에 이르는 다양한 존중방식들이 뜻하는 바와 이 방식들을 한국 문화적 맥락에서 실행하는 데 관해서 해설하였다.

　부모·어른에 대해서 우리가 지켜야 하는 예는 이러한 존중방식들을 실행함으로써 이루어질 수 있다. 이 방식들의 실행은 개인, 가족, 집단, 소문화에 따라 다를 수 있다. 즉 실행하는 방식의 수, 강도, 빈도가 각각 달라질 수 있다.

　그리고 이 방식들을 통한 존중은 개인적으로 표하는 측면, 사회단체나 조직의 일원으로서 표하는 측면, 나아가 우리의 사회 또는 문화권을 대표해서 표하는 측면이 있다.

어른존중과 돌봄서비스

1

새로운 경향

산업화·도시화에 따른 가족과 사회의 변동으로 인하여 부모·어른에 대한 존중의 행동적 표현이 점차 수정, 변경되어 가고 있다. 전통적 동아시아문화의 가치와 규범 이외의 요인들 때문에 이런 변동이 일어나고 있는 것이다. 이러한 변동하는 시대적 맥락에서 본 연구는 어른존중 방식을 전통적 자료와 현대사회 조사를 통해서 식별하였다.

현대적 존중방식과 전통적 존중방식을 합하여 16가지의 방식들이 드러났다. 거의 모든 현대적 존중방식들은 전통적 존중방식들과 유사하거나 비등하다. 이 사실은 전통적 부모존중의 가치가 현대적 부모존중 방식에 (다소간) 반영되어 있으며 이 존중방식의 실천에 영향을 (정도의 강약을 막론하고) 끼치고 있음을 시사한다.

부모·어른존중을 한국 문화적 맥락에서 설명하기 위해서는 이 방식들을 모두 제시해야 하겠다. 이 방식들은 서로 연관성을 지닌다고 볼 수 있다. 그러나 각각의 방식은 부모·어른존중을 나타내는 특이한 행위로서 실행된다. 다양한 존중방식들 가운데서 다음의 여섯 가지가 지적빈도와 중요성 정도에서 뛰어나 보인다.

돌봄으로 하는 존중

의논으로 하는 존중

존댓말로 하는 존중

인사로 하는 존중

순종해서 하는 존중

먼저 대접해서 하는 존중

이런 존중방식들이 식별됨으로써 성인들이 부모와 어른을 어떠한 방식으로 존중하는가를 알 수 있게 되었다. 이 방식들은 또한 부모·어른을 돌보는 사람들에게 어떠한 구체적인 방식으로 존중해야 하는가를 알리는 자료가 될 수 있으며 나아가 부모·어른 돌봄의 질과 노소 세대 간 관계를 밝히는 데도 도움이 될 수 있을 것으로 본다.

부모·어른존중에 대한 경험적인 자료가 희소하여 존중에 대한 구체적 표현방식을 알지 못하고 있는데, 본 조사에서 나온 이러한 자료가 부모·어른존중 연구를 위한 하나의 기초적 자료가 될 수 있기를 바란다.

이 존중방식들의 어떤 것은 가족 안팎의 변화가 진행됨에 따라 수정, 변화되고 있는 것으로 보인다. 이러한 변화는 과거보다 간략하게, 편리하게, 하기 쉽게, 짧은 시간에, 횟수를 줄여서, 경제적으로 가족의 형편과 개인적인 사정에 따라 이루어지고 있다.

2

전통의 지속

　산업화와 도시화에 따른 사회변동은 공공부문의 정치적 및 직업적 구조에 큰 영향을 미치고 나아가 부모·어른존중과 같은 개인과 가족의 내면적 차원으로까지 영향을 끼치는 것으로 보인다.

　하지만 가족 중심으로 부모를 존중하는 관행을 보면 끈질긴 전통문화적 가치의 영향을 감지할 수 있다. 즉, 홍익인간 사상 - 불교 - 유교 - 동학 - 기독교가 창도하는 전통적 인간중시 가치가 반영되고 있는 것으로 보인다.

　본 연구에 나타난 젊은 성인의 부모존중 실상은 우리의 이 고유한 문화적 가치의 영향이 미치고 있음을 시사한다.

3

불변하는 부모 자녀 관계와 돌봄의 확장

전통적으로 부모 자녀 관계는 앞서 인용한 "부자자효"(父慈子孝: 부모는 자녀를 자애롭게 보살피고 자녀는 부모를 존중하며 돌봄)와 "부자유친"(父子有親: 부모와 자녀는 친근함)으로 설명되었다. 세상이 바뀌어도 변할 수 없는 고귀한 세대 간 교호적 돌봄을 위한 도리이다.

위의 도리는 부모와 자녀는 친밀한 관계를 맺으면서 서로 존중하며 돌봄을 주고받음을 중시하는 가치이다.

"서로 존중함과 서로 돌봄"의 가치는 우리가 시대의 변화에 적응해서 재조명하여 발전적으로 실현해 나가야 할 긴요한 과제이다.

그런데 우리에게 영향을 끼친 인(仁)을 행동으로 옮기는 기본적인 방법은 부모를 비롯한 가족원들과 가족 바깥사람들을 모두 존중하고 사랑하며 돌보는 것이다(퇴계 성착십도 인설).

모든 사람을 존중하며 돌보는 의무도 부모 자녀 간의 서로 존중하며 돌보는 관계에서 시발하는 것이다.

서로 존중하는 관계에서는 무엇을 어느 정도로 상대편에게 해야 하는지에 대한 분명한 지침이 없기 때문에 존중하는 사람의 자유재량에 따라 이를 실행하게 된다. 이 경우 상대편에 대한

의무감이 두 사람 사이의 존중하는 관계를 유지토록 하는 힘이
된다.

의무를 바탕으로 서로 존중하는 대표적인 사례로서 위에 지적
한 부모와 자녀 사이의 자(慈)와 효(孝)의 호혜적 관계를 들 수
있다.

그러나 시대가 변함에 따라 가족의 능력만으로 이러한 존중하
며 돌보는 의무를 수행할 수 없는 사례가 많아졌다. 이런 경우
가족 바깥의 국가사회 주도하에 제공되는 공적 돌봄을 받아야
한다. 먼저 가족과 친지로부터 돌봄을 받고 필요할 때는 가족 외
부의 사회복지 돌봄체계가 제공하는 공적 돌봄을 받는 것이다.

[참조: *부록 /* "어른존중을 위한 사회복지 돌봄서비스"]

<u>4</u>

시대적 적응

우리가 사는 이 시대에는 새로운 지식을 익히며 매우 급속한 변화에 적응하기 위해 빠른 속도로 이동하면서 많은 에너지를 소모해야 한다. 이런 과정에서 서로 존중하는 인간관계의 법칙과 약속을 새로운 생활환경에 맞게 슬기롭게 개발해 나가야 한다.

주어진 환경적 조건에 비추어 존중하는 방법을 가려내어 성숙한 성인으로서 예를 지키면서 자기실현을 하는 방향으로 실천해 나가야 하겠다.

부모·어른 존중은 이 연구에서 식별된 여러 가지 존중방식들을 종합적으로 실행함을 의미한다. 각각의 방식들은 사람들이 서로 존중하는 데 지켜야 할 예절의 기본이 될 수 있다.

그런데 오늘날 중요시되는 존중방식도 내일에는 그렇지 못할 수 있다. 아직 이런 변화가 어느 정도로, 어느 속도로, 어떠한 방식으로 진행되고 있는가에 대한 체계적인 연구가 이루어지지 못하고 있다.

앞서 지적한 바와 같이 대체로 존중의 표현은 복종적인 형식으로부터 동등한 것으로, 복잡한 형식으로부터 단순한 것으로, 시간이 걸리는 것으로부터 짧게 하는 것으로, 고비용의 것으로부터 경제적인 것으로 변하는 경향이다. 산업화와 도시화에 따른 사회변동에 적응해서 한국의 젊은이들은 그들의 존중방식을 이런 방식으로 수정해 가고 있다.

하지만 부모·어른존중은 문화적 가치로서 존속하고 있다. 이 가치는 우리가 이어받은 전통적 인간중시 가치에 준거하는 것이다. 본 연구의 대상이 된 대다수 성인 자녀는 부모·어른을 존중하고 돌보아야 한다고 응답하였다. 이 사실은 사회적 변동은 부모·어른에 대한 존중을 배제하지는 못하고 있음을 시사한다.

부모·어른존중은 한국인의 사회적 구조(인간관계) 속 깊이 스며들어 있다. 즉, 부모 자녀 간의 친함, 애정, 책임 그리고 서로 돌보는 호혜적 관계와 밀접히 연계되어 있다고 본다.

5

한국인의 성향과 존중

어른존중의 실현은 한국인이 간직하는 성향으로부터 영향을 받을 수 있다. 연구자들은 한국인의 성향으로서 여러 가지 변수들을 거론하고 있다. 어른존중 및 돌봄과 관련이 있다고 보는 다음의 4가지 성향에 한해서 약술해 보고자 한다.

〈정〉

한국인은 정(情)이 많은 사람이다. 정은 한국사회에 존재하는 독특한 정서로서 한국인의 남을 배려하고 존중하는 이타적 성격을 나타낸다(윤태림, 1970).

정은 반복적인 접촉과 공동경험을 통해서 무의식적으로 형성되는 정서적 유대감이다(최상진, 1985). 부모와 자녀, 부부, 스승과 제자, 친구, 이웃과 가까운 관계는 모두 이런 유대감을 갖게 하는 정에 의해 연계되어 있다.

정의 속성은 따스하고, 잔잔하고, 계산하지 아니하고, 보답을 요구하지 아니하고, 쉽게 사라지지 않고, 쌍방 간에 동시에 발생하는 호의적 심리이다(임태섭, 1995: 24).

정은 이러한 심리로 인간관계의 기본인 존중과 애정을 표하며, 남의 슬픔과 기쁨에 공감하며, 어려움을 당한 그를 딱하게 여겨

개입해서 돌보는 이타적 행동을 하려고 한다(이수원, 1984).

따라서 정은 노령의 어른을 존중하며 돌보는데 필요한 힘이
될 수 있다.

〈체면 중시 성향〉

한국인은 체면치레를 중시한다(최상진, 유승엽, 1992; 임태섭,
1995). 체면치레는 남들로부터 무시당하지 않고 자기평가를 높여
보려는 행동이다(김태환, 1982). 사회적으로 존중되기를 바라는 심
리이다. 체면은 양방향적이어서 나의 체면도 지키지만 남의 체면
도 지켜 준다(Ting-Toomy et al., 2015). 이러한 특성은 남으로부
터 존중을 받고 나도 남을 존중해주는 심정의 발로이다(Brown &
Levinson, 1987). 이런 심정으로 어른을 존중함으로써 나의 체면을
지킬 수 있다.

〈겸손 중시 성향〉

겸손은 한국인이 예를 지키는 중요한 방법이다. 다른 사람을
존중하는 가치이다(최상진, 2012). 겸손한 사람은 다른 사람 앞
에서 오만하지 않고, 나를 낮추고, 남을 높이며, 남으로부터의
칭찬을 사양하고, 남의 의견을 받아들이는 이타적 언행을 한다
(김은아, 이용남, 2012). 자신보다 낮은 데 있는, 어려운 형편에
있는 사람을 의식하여 이를 사랑하고 존중하는 마음이고 행동
이다(나은영, 차유리, 2010). 이러한 겸손을 표하는 마음과 행
동으로 고령의 어른을 존중할 수 있다.

〈의존적 성향〉

친밀한 인간관계가 진행되는 가족 중심적 사회망 속에서 자라난 한국인은 서로 의존하는 생활방식에 길들어 있다(김낙진, 2004; 송성자, 1997). 가족을 중심으로 이루어진 '우리' 의식을 가지고 가족원들과 상호의존하면서 나를 실현하는 방식이다(엄예선, 1987). 자녀를 성장시킨 노부모는 고령이 되면 자녀에게 의존하게 된다. 세대 간 상호의존관계 - 서로돌봄관계 - 가 진행되는 것이다. 이 관계는 존중, 애정 및 측은지심으로 차 있다. 이러한 인간관계가 바로 고령의 부모·어른이 필요로 하는 것이다.

위와 같은 한국인의 성향은 고령의 부모·어른을 존중하는 태도와 돌보는 행동을 조성하는 데 긍정적인 영향을 끼치는 사회심리적 요인이 될 수 있다.

한국인은 물론 외국인은 위와 같은 문화적 성향을 이해해야만 한국인의 어른을 존중하는 관행을 이해하며 한국사회의 예절을 수렴하고 지키는 데 도움이 될 것으로 본다.

<u>6</u>

존중과 돌봄의 연계

돌봄이 필요한 고령자 수가 늘어남에 따라 가족의 돌봄 책임
은 무거워지고 있다. 게다가 많은 가족은 서로 떨어져 살면서 돌
보아야 하는 어려움을 겪고 있다.

이런 어려움에도 불구하고 대다수 가족은 대안을 찾아 서로
돌봄을 지속하고 있다. 성인 자녀가 이런 어려움을 극복하도록
돕는 힘은 어디에서 나오는가? 이 힘은 부모에 대한 존중 및 애
정, 부모부양에 대한 의무, 부모를 중심으로 가족의 회합을 이루
려는 의지, 부모를 위해 자신의 에너지의 일부를 바치려는 희생
심에서 나온다고 본다. 이런 요건은 효행을 하려는 의지이다. 이
의지를 지적한 항목 중에서 부모에 대한 존중이 가장 중요한 (으
뜸가는) 항목으로 드러났다(성규탁, 2010 I권, 2017).

자녀들 개개인에 따라 그리고 가족 형편에 따라 이 의지의 강
약에 차이가 있을 수 있고, 부모 자녀 간의 친밀도와 자녀의 부
부관계에 따라 다를 수 있으나, 대개는 자주 또는 정기적으로 세
대 간 접촉을 하며 서로 돌보는 관계를 지속하는 경향이다. 나라
가 작고 교통통신수단이 고도로 발달하여 지리적으로 떨어져 있
어도 단시간 내에 이러한 접촉을 할 수 있게 되었다.

다수의 부모는 고령으로 허약해지면 자녀와 함께 살거나 자녀

가 사는 곳 가까이 옮겨와 여생을 보내면서 자녀들 간의 상호교류와 대화를 촉진해 주고, 화합을 북돋우어 주며, 이들을 위한 정서적 및 수단적 돌봄을 해나간다. 즉, 세대 간의 존중하며 돌보는 교호적 관계가 이루어지는 것이다.

앞서 인용한 일련의 가르침과 자료가 밝힌 바와 같이 부모·어른을 돌보는 데 있어 가장 중요한 것은 이분들을 인간중시적 가치를 바탕으로 존중하는 것이다. 사실 이분들을 존중하지 않고서는 긍정적인 태도를 가질 수 없고, 진심으로 돌봐드릴 수가 없다. 다음과 같은 사실이 이 점을 증명하고 있다.

앞서 지적한 바와 같이 윤리학자들은 존중과 돌봄은 연계, 상합되어 있다고 본다. 이들은 '존중함은 돌봄을 내포하며, 돌봄은 존중함의 일부'라고 가르치고 있다. 이 가르침은 부모와 고령자를 돌보는 성인 자녀, 사회복지사 등 돌봄서비스 제공자(이하 '제공자')들이 명심해야 할 교훈이다.

다음은 제공자들이 명심해야 할 또 한 가지 교훈이다. 사람들의 생(生)의 만족을 결정하는 주요인은 다른 사람으로부터 존중을 받는 것이다(Ghusn et al., 1996; Sung & Dunkle, 2009). 존중받는 사람은 자기 자신을 중요시하고, 자신을 사회적으로 쓸모가 있다고 여기고, 사람들과 잘 어울리고, 돌보아 주는 사람들과 협조적인 관계를 맺는다(Reichel, 1995; Gambrill, 1983).

7

존중과 돌봄서비스

부모·어른을 위한 돌봄서비스를 향상하기 위한 노력이 진행
되고 있다.

[참조: 부록 I "어른존중을 위한 사회복지 돌봄서비스"]

이런 노력을 하는 과정에서 돌봄의 수단적(물질적)인 면을 강
조하는 경향이 드러나고 있다. 즉, 고령자를 위한 할인, 교통편,
식사 배달, 노령수당, 평생교육 등 돌봄서비스를 제공하고 있다.
하지만 정서적인 면, 즉, 존중을 비롯한 애정, 동정, 관심, 위안,
우의 등에 대해서는 대단한 관심을 두지 않은 경향이다. 이런 정
서적인 면은 눈에 보이지 않으나 우리의 가슴속에서 메아리치고
우리의 인간중시적 가치를 발현하는 것이다.

더욱이 이 가치는 부모·고령자의 존엄성을 받들며 이분들의
생의 질을 높이기 위한 돌봄서비스를 기획, 실천하는 데 커다란
영향을 끼칠 수 있다.

〈돌봄서비스의 실행〉

부모·어른의 중요한 욕구는 존중을 받는 것이다. 사실 존중은
건강한 고령자는 물론 병상에 누워있는 고령자, 신체장애가 있는

고령자, 구호품을 받는 고령자가 다 같이 소원하는 것이다.

존중한다 함은 이런 분들의 자기 존중감을 북돋는 것이며, 결코 이분들을 과소평가하거나 낮추어 보거나 귀찮은 존재로 보지 않는 것이다. 다시 말하면, 돌봄을 받는 분들이 멸시당하거나 방치 상태에 놓였다고 느낄 때, 값이 없는 존재라고 보이거나 사람이 아니고 물건으로 취급될 때 존중되지 않는 것이다.

존중함은 돌봄서비스의 시발점이며 이 서비스가 지속하는 전 과정을 통해서 실행되어야 한다. 즉 돌봄서비스 제공자가 돌봄이 필요한 분을 처음 만날 때부터 돌봄서비스가 종료될 때까지 지속해서 지켜야 하는 윤리적 규범이다.

돌봄서비스 제공자는 돌봄이 필요한 고령자를 존중함으로써 그분에게 긍정적인 태도를 보일 수 있고, 예의로서 대할 수 있으며, 고귀한 사람으로 대할 수 있다. 이렇게 존중되는 어른들은 자기 존중감과 삶에 대한 만족감을 높이고, 주변 사람들과 잘 어울리며 자신이 쓸모있는 사람이라고 생각하게 된다(Sung & Dunkle, 2009).

따라서 존중함은 돌봄을 받는 어른들에게 혜택이 될 뿐만 아니라 제공자와 이분들과의 생산적인 관계를 조성하는 매우 긴요한 기능을 한다.

제공자는 상대하는 고령자를 존중함으로써 위와 같이 긍정적인 방향으로 발전해 갈 수 있다. 존중받는 분은 제공자와 자기가 부딪친 어려운 문제를 더 자유롭게 이야기하게 되며, 그가 치료 과정에서 할 수 있는 일을 더 적극적으로 해나가며, 바람직한 서비스 결과를 이룩하는 방향으로 협조하게 된다. 연구조사에 의하면 제공자가 실제로 제공한 돌봄서비스보다도 존중받는 것을 고령자는 더 값있는 것으로 본다는 것이다. 이처럼 존중함으로써 돌봄을 받는 분을 대하는 것이 돌봄서비스의 실제 결과보다도 평가에 더 많은 긍정적인 영향을 미친다(Gibbard, 1990; Sung & Dunkle, 2011).

고령자와 첫 면접을 하는 데 있어 다정하고 우애로운 태도와 함께 존중해주는 것이 필수적인 요건이라고 보고 있다(Dillon, 1992). 첫 접촉은 앞으로 돌봄서비스를 계속해 나가는 데 필요한 고객과의 관계를 수립하는 데 매우 중요한 계기가 되기 때문이다.

심리 치료학의 원조 C. Rogers(1961: 82)는 치료자가 피치료자를 온정으로 수렴하며 존중할 것을 강조하고, 그에게 따뜻하고 긍정적이며 애정에 찬 반응을 보여 주어야 함을 강조하였다. 이렇게 수렴된 고객은 안심하며, 긴장을 풀고, 어려움에서 오는 공포를 줄이게 된다고 했다.

사회사업 실천기법 연구의 대가 E. Gambrill(1983)는 모든 사회사업가는 고객에 대한 존중의 중요성을 인식해야 한다고 하며, 존중을 정서적 및 행동적으로 표현해야 한다고 했다.

그래서 제공자는 헐벗고, 몸에서 냄새가 나는 고객을 대할 때나, 손에 보석 반지를 끼고 향수 냄새를 풍기는 이를 대할 때나, 다 같이 존중해주면서 측은지심으로 도와주려는 심정으로 대해야 한다.

위와 같은 사실로 보아 존중은 부모·어른을 중요시하는 가치일 뿐만 아니라 이분들을 돌보는 데 있어 제공자가 마땅히 지켜야 할 윤리적 실천준칙이라고 본다.

제
언

본 조사는 부모·어른존중에 대한 체계적인 조사를 위한 하나의 기초단계 작업이라고 본다. 하지만 연구 방법상의 단점들이 있다. 젊은 성인인 대학생들만을 조사대상으로 하고 이들의 부모·어른존중 실행을 둘러싼 환경적 요인을 탐사하지 못했다.

어른존중은 인간중시적 가치를 따라, 부모에 대한 의무를 수행하려고, 부모 은혜를 갚기 위해서, 개인적 믿음이나 욕구 때문에, 또는 예를 지키기 위해서 한다고 가정할 수 있다. 이러한 가정들을 장래의 연구에서 증명해 보면 좋겠다. 또한, 가족, 집단과 지역사회의 소문화 속에서 존중하는 과정과 결과를 조사하는 것도 의미 있다고 본다. 그리고는 존중이 부모·어른을 위한 돌봄과 생활의 질에 영향을 미치는 정도를 탐색할 필요도 있다. 나아가 서양인의 고령자에 대한 존중·돌봄과 우리의 것에 대한 비교문화적 고찰도 해 보아야 하겠다.

고령의 부모·어른의 삶은 숫자로만 설명될 수 없으며 내면적 차원과 사회적 환경에 대한 해석이 수반되어야 한다. 양적 사실에 대한 파악도 중요하지만, 질적 자료도 수집해야 이분들의 삶에 대한 포괄적인 해석을 할 수 있다.

노부모의 삶은 생리적 작용과 함께 인생의 의미, 가치 및 믿음, 사회관계, 사회와 국가에 대한 바람으로 가득 차 있다. 이 때문에 존중 및 돌봄과 관련된 윤리 도덕적 이념과 가치 및 부모 자녀 간 정서적 관계, 그리고 사회환경적 요인이 작용하는 역동적 상황을 질적 조사를 통해서 살펴보아야 하겠다.

장래연구는 다음 과제들에 관한 조사도 하기를 바란다.

* 어떤 존중방식이 변하고 있는가? 어떤 방향으로 변하는가? 이러한 변화가 부모·어른 돌봄에 어떠한 영향을 미치는가?

* 소가족에서 실천되는 존중방식은 확대가족에서 실행되는 존중방식과 어떤 점에서 다른가?

* 젊은 사람의 개인적 속성(성별, 연령, 결혼상태, 교육, 소득)에 따라 그리고 상황적인 변수 (농촌 또는 도시 출생, 안정과 갈등과 관련된 세대 관계, 부모와 자녀가 소유하는 자산, 사회적 지원망 등)에 따라 부모·어른을 존중하는 상황이 어떻게 다른가?

* 학교와 가정에서 젊은 사람들은 어른존중을 하도록 어느 정도로 사회화되며 교육되고 있는가? 이러한 사회화 및 교육적 노력은 어른존중의 전통을 유지하기 위해 어느 정도의 효과를 내고 있는가?

* 어른을 존중하는 가치와 관행이 어느 정도로 지속 또는 변동하고 있는가? 이런 상황이 어른 돌봄에 어떠한 긍정적 또는 부정적 영향을 미치는가?

부
록

부록 | 어른존중을 위한 사회복지 돌봄서비스

어른존중의 중심적인 내용이 바로 어른을 위한 돌봄을 실행하는 것이다.

오늘날 많은 가족은 가족 자체의 힘으로 고령의 노부모를 돌보기가 어렵게 되었다. 가족 바깥에서 제공하는 여러 가지 전문적 돌봄서비스가 필요한 것이다. 그동안 사회발전과 더불어 국가사회 주도하에 각종 사회복지 기관과 시설이 다수 설립되어 다양한 돌봄서비스를 제공하고 있다.

새 시대의 어른존중을 논하는 데는 가족 외부의 사회복지 돌봄서비스를 활용하는 과제를 다루지 않을 수 없게 되었다.

신체적으로나 정신적으로 어려운 상태에 있는 노부모가 필요로 하는 돌봄서비스를 입수하는 데는 시간과 노력이 필요하다. 아직도 고령자가 필요로 하는 다양한 돌봄서비스들을 제공하는 전문인들과 전문시설들을 충분히 갖추지 못한 지역들이 있다. 어떤 지역사회에서는 비교적 쉽게 필요한 전문적 돌봄서비스를 입수할 수 있으나 다른 곳에서는 그러한 돌봄서비스를 받기가 어렵다.

근년에 노인복지를 위한 정부 지원이 늘고 있으며 각종 사회복지시설과 비영리 단체들의 노인 돌봄 활동이 많아졌다. 이와 같은 긍정적 변화에 따라 고령자를 위한 전문적인 돌봄서비스가 여러 지역에서 제공되고 있다.

대다수의 종합병원에는 노인병과가 부설되어 있으며 이곳의 노인병 담당 의사가 고령자의 질환을 치료하고 있다. 그리고 노인복지관들이 증설되어 고령자를 위한 각종 전문적 서비스를 지역사회 중심으로 제공하고 있다.

그런데 노부모가 병원에서 치료를 받은 후 퇴원할 때 앞으로 어떻게 돌보아 나가냐는 퇴원 후 돌봄 문제를 두고 걱정하는 자녀들이 많다.

이런 상황에 대비하여 노부모가 퇴원하기 전에 그 병원의 사회사업실을 찾아 사회복지사와 퇴원 후의 문제에 대해 상의를 해서 퇴원 후에 해당 지역사회에서 입수할 수 있는 각종 돌봄서비스에 대한 정보를 얻고 이런 지원을 제공하는 기관들과 시설들로 의뢰를 받을 수 있다.

그러나 이런 도움을 받을 수 없는 경우에는 다음과 같은 작업을 해나가야 한다.

〈확보해야 할 돌봄서비스〉

집안에서 요양하는 노부모를 위한 돌봄서비스에는 여러 가지가 있다.

중태가 아니고 회복기에 있어 가끔 돌봄이 필요한 경우에는 특정한 기간에 외부의 돌봄을 받아야 한다. 이런 가끔 필요한 돌봄은 대개 가족과 친척으로부터 받을 수 있다. 떨어져 사는 가족의 경우 노부모를 방문해서 도움을 제공할 수 있고, 이분들을 자녀의 집으로 모셔 가서 보살필 수도 있다. 그러나 가족원이 적절한 도움을 제공하지 못하는 경우도 있다. 이 경우에도 부모와 가까이 사는 친척이 흔히 도움을 제공하고 친구와 이웃이 도움을 주기도 한다.

떨어져 살면서 도저히 부모를 도와드릴 수가 없을 경우에는 부모가 사는 지역사회 내에서 돌봄서비스를 물색해야 한다. 해당 지역사회 내의 노인복지관, 사회복지관, 동사무소, 노인의 전화, 보건소, 종교단체, 자원봉사그룹 등을 통해서 도움을 구해야 한다.

지역사회 자원을 활용하기 위해서는 미리 준비를 해나가야 한다. 즉 부모가 건강할 때부터 해당 지역 내에서 얻을 수 있는 돌봄서비스의 종류, 서비스제공자, 비용 등에 대한 정보를 수집하기 시작해야 한다.

고령자가 필요로 하는 돌봄서비스에는 비교적 가벼운 것을 포함한 여러 가지 유형이 있다. 예로 심장질환이나 지체 장애가 있는 고령자들 가운데는 하루에 한 끼의 식사를 해주고 일주일에 한 번 빨래만 해주면 정상적으로 생활해 나갈 수 있는 분들이 있다.

이런 경우보다도 상태가 악화되어 중증 질환으로 장기적으로 집중적인 돌봄과 치료를 받아야 할 분들이 있다. 예로 심장마비 또는 뇌 혈증을 앓았거나 심한 정신질환을 앓는 분들은 24시간 보호를 받아야 한다. 이분들은 신체적으로 마비가 되지 않았다 해도 지속적인 보호와 전문적 간호가 필요하다. 이런 상황에서 흔히 노인요양원에 입원하는 대안을 생각하게 된다. 그러나 집중적인 보호가 필요한 분들도 자기 주택이나 자녀의 집에 거주하면서 간호를 받을 수 있다. 개발되고 있는 community care 센터가 이런 요양 보호와 간호를 하게 된다.

중환을 앓는 분들을 보살핀다는 것은 24시간 쉴 사이 없이 계속되는 일이기 때문에 정신적으로나 육체적으로 매우 힘이 드는 일이다. 보호자는 자기 자신을 위해 때를 가려 휴식과 안정을 취할 필요가 있다. 이렇게 휴식이 필요할 때 친척이나 가까운 친구들이 일정 시간 동안 환자를 돌보아 주도록 할 수 있다. 그리고 미리 주선해서 요양보호사와 가정방문 간호사가 무료 또는 유료로 환자를 간호하도록 할 수 있다.

한편 이러한 중환자인 노부모를 보살피는 일은 매우 힘이 들기 때문에 가족과 친척, 가까운 친구, 이웃 등이 사전에 회의해서 어느 가족원 또는 친지가 어떠한 돌봄을 어느 정도로 분담하고 어떤 책임을 어느 기간 동안 맡을 수 있는가, 그리고 노부모를 간호하는 일이 자신들의 가족에게 어떠한 불이익을 가져다줄 수 있는가 등 돌봄서비스 제공자들 사이에 일어날 일들에 대한 상의가 있어야 한다.

부모를 집에 모셔 간호해 나가기에 앞서 이러한 가족원들 사이의 상의가 필요하다. 이렇게 함으로써 가족원들의 어려움을 상호 이해해서 불이익을 최소화하고 간호를 위한 가족원들의 협동과 화합을 도출할 수 있다.

그런데 가족이 정성스럽게 보살피겠지만 간호의 질이나 결과를 본다면 전문인들이 하는 것이 더 나을 수 있다. 즉 가족 밖의 전문적 훈련을 받은 인간봉사자들이 이 일을 맡음으로써 더 나은 결과를 낼 수 있다.

이러한 가족 외부의 도움을 얻기 위해서는 주변 지역사회를 돌아보아야 한다. 요즘에는 대개의 지역사회 내 또는 가까운 곳에 노인환자를 위한 돌봄서비스를 제공하는 전문인들이 다소간에 있다. 사회복지서비스를 제공하는 전문인들을 비롯하여 의료계의 신경정신과, 통증 진료, 치과의사, 응급치료하는 전문의들이 있으며 단기 또는 장기 치료를 하는 개인병원과 종합병원이 있다. 그리고 노인병원, 노인요양원, 치매 요양원, 노인복지관, 사회복지관, 사회사업기관을 비롯하여 거택 서비스와 시설중심 돌봄서비스를 제공하는 민간단체들이 있으며 이들 단체의 수가 늘고 있다. 문제는 이러한 제공자들이 도시에 집중되어 있어 시골에 사는 분들에게는 접근하기 힘든 경우가 있다. 그리고 기관에 따라서는 서비스를 신청해 오는 사례들이 많아 기다리는 시간이 길어지고 있다. 이 때문에 필요한 돌봄서비스를 미리 파악해서 신청해 두는 것이 좋다.

어느 지역사회든 고령자의 모든 문제를 다 해결할 능력을 갖추지는 못한다. 그러나 근년에 노인 문제에 관한 관심이 높아지고 정부의 노인 문제 대책이 개선되고 있으며 지역사회 자체의 노력이 확산되어 다수 지역에서 고령자를 위한 각종 돌봄서비스가 제공되고 있다.

병원의 사회사업과 혹은 노인복지관, 사회복지관, 동사무소, 보건소 등에 문의해서 해당 지역 안에서 얻을 수 있는 돌봄서비스에 대한 정보를 모아야 한다. 이런 곳에서는 대개 고령자에게 도움이 되는 집단이나 시설 또는 개인의 전화번호와 주소 및 도움의 종류를 갖춘 명단을 가지고 있다.

그뿐만 아니라 이들 기관에는 당장에 필요한 지원을 받을 수 있는 전문인들, 예로 사회복지사, 자원봉사자, 요양보호사, 거택 간호사, 가정봉사자 등이 근무하고 있다. 사회복지사와는 부모의 상황을 평가받고 필요한 서비스에 관한 상담을 할 수가 있다.

최근에는 퇴원 후에 필요한 거택 간호 및 거택 서비스가 여러 지역에서 제공되고 있다.

지역사회에 대한 소상한 정보를 가지고 있어도 어느 돌봄서비스가 부모에게 적당한가 또 적절한 서비스를 어떻게 신청하느냐에 대해 잘 모르는 수가 있다. 따라서 지역사회 전체에 대해 잘 알고 있는 사회복지사를 포함한 전문인들을 찾아 상담할 필요가 있다.

대개 사회복지사가 그 지역의 사회복지(노인복지를 포함한)와 연관된 종합적인 사정을 알고 있다. 사회복지사들은 직접적인 도움도 줄 수 있을 뿐만 아니라 노부모가 필요로 하는 돌봄서비스를 제공하는 전문인, 기관 또는 시설로 연결해 주는 의뢰서비스도 해 줄 수 있다. 적어도 한 사람의 지역 내 사회복지사가 부모에 대한 사정을 잘 알고 계속해서 관심을 보이게 된다면 여러 가지로 도움이 될 수 있다.

고령자를 위한 돌봄서비스도 다른 모든 돌봄서비스와 같이 지속해서 끊임없이 제공해 나가야 한다. 중증을 앓는 노부모를 보호 부양하는 일은 대개 떨어져 사는 자녀 혼자만으로는 하기 어려우므로 위와 같이 가족 바깥의 도움을 구하는 작업을 부모의 상태가 악화되기 전부터 해야 할 필요가 있다.

다음으로 질환을 앓는 고령자들이 받을 수 있는 돌봄서비스의 몇 가지 예를 들어보고자 한다. 먼저 거택 서비스, 즉 고령자가

집 안에 있으면서 받을 수 있는 돌봄서비스가 개발되어 전달되고 있다. 즉 비의료적 서비스로서 가정방문 요양 보호, 식사 배달, 가사보조, 전화를 통한 안전감독, 외출 시 동반, 교통편 제공, 방문해서 말 상대가 되어 주기, 보호자를 위한 휴식시간 제공, 전화 상담 등이 있다.

가정 바깥에서 받을 수 있는 비의료적 서비스에는 노인복지관에서 제공하는 다목적 서비스들, 공동급식, 교통편 제공, 허약한 고령자를 위한 일시 위탁서비스, 보호자 지원서비스, 유언과 상속 등에 관한 법률상담, 각종 자원봉사 그리고 장기적 질환을 앓는 노인을 위한 노인 홈, 노인요양원, 치매 요양원 등이 있다.

〈고령자를 위한 시설〉

별거하는 노부모에 대한 자녀의 제일가는 걱정은 그분들의 안전과 건강이다.

부모가 어떤 질병이나 신체장애가 있을 때는 더욱 이런 걱정을 하게 된다. 따로 사는 병약한 노부모를 단기적으로나 장기적으로 아래와 같은 보호시설 또는 요양시설에 입원시키는 대안을 택하는 경우가 흔히 생긴다.

1) 노인 홈, 노인요양원 또는 치매 환자 요양원에 입원하는 노인들은 대개가 정신적으로나 신체적으로 어떠한 질환과 장애를 앓는 분들로서 직업을 가진 자녀가 아침부터 저녁까지 이분들과 함께 있으면서 보살피기가 매우 어렵다. 따라서

노부모의 상태에 따라 전문적인 보살핌을 24시간 받을 수 있는 시설이나 홈을 선정해서 입원하도록 하는 것이 가족에 따라서는 합당한 대안이 될 수 있다.

2) 노인을 위한 시설은 여러 가지 종류가 있으며 그 형태와 설립자(공설 또는 사설), 크기, 시설의 안전도, 시설의 환경(지역사회), 돌봄서비스의 유형과 범위, 전문성 정도, 비용부담 여부 등에서 다르다. 입원해 있는 노인들의 개인적인 특성도 다르고 신체적 장애와 질환도 다르다. 이러한 다양한 조건들에 알맞은 시설과 홈을 선택하는 데는 상당한 노력과 시간이 필요하다. 장애가 심하거나 24시간의 감시를 받아야 할 상태의 노인에게 지속해서 재활, 약물투여, 식이 요법, 방사선치료를 하는 의사가 정규적으로 왕진을 해서 진단과 치료를 해주며 사회복지사의 상담도 받을 수 있는 시설을 선택하는 것이 좋다. 이런 시설을 선정할 때는 다음과 같은 사항을 참고로 할 필요가 있다.

* 시설의 분위기가 안락하고 가정적인가, 내부와 외부가 말쑥하게 꾸며져 있는가, 실내 공기가 잘 환기되는가?
* 시설은 정부의 인가를 받았는가?
* 면허증을 가진 간호사가 24시간 간호하는가?
* 의사의 감독하에 서비스가 전달되며 필요시에 의사의 왕진을 받을 수 있는가?
* 약은 면허된 약사가 조제하는가?
* 식사를 노인의 개인적 상태에 맞게 마련해 주는가?
* 재활서비스를 제공해 주는가?
* 오락, 레크리에이션 및 사교활동을 할 수 있는가?

* 시설이 안전하게 설치되어 있는가?
* 시설관리인과 요원들은 경험이 있고 자격이 있는가?
* 요원들은 친절하고 실제적인 도움을 주는가?
* 시설이 편리한 곳에 있는가?
* 의사, 사회복지사, 간호사 등이 추천하는 시설인가?

시설을 선정할 때는 그 지방의 노인협회, 노인회, 노인복지관, 노인의 전화, 병원의 노인병과와 사회사업실, 보건소, 사회복지관, 동사무소를 비롯한 노인의 복리를 위해 봉사하는 단체에 문의해서 그 시설이나 홈에 대한 전문가의 의견을 들어보는 것이 좋다.

〈부모의 지원망 정비〉

위와 같은 돌봄서비스를 제공하는 각각의 제공자들에 관한 다음과 같은 사항에 대해서도 미리부터 정보를 확보해 두는 것이 좋다. 우선 부모에게 도움을 줄 수 있는 사람들(사회적 지원망을 구성하는 사람들과 단체들)에 관하여 파악해 나가야 한다.

대개 노부모 주변에는 도움을 주고 있는 사람들이나 앞으로 도움을 줄 수 있는 분들이 많으나 적으나 있다. 가까이 사는 친척이나 친구들도 때때로 도와주고 방문을 해 주고 심부름을 하고 우정을 나누어 줄 수 있다. 즉 다음과 같은 분들을 들 수 있다.

* 현재 부모를 도와주고 있는 분
* 가까이 사는 집안사람
* 부모와 자신의 오랜 친구와 친척

* 가까운 동창
* 친척이 속하는 사회단체나 클럽의 회원
* 가까운 이웃
* 사회복지관의 요원
* 동사무소의 사회복지사
* 교회의 목사, 신부와 신자
* 종교단체의 회원
* 의사, 간호사, 병원 사회복지사
* 부모의 담당 변호사
* 부모가 거래하는 은행이나 보험회사의 담당원
* 기타 도움이 될 수 있는 분들

이런 분들이 부모의 지원망을 구성하는 사람들이다. 보호자인 자녀로서 부모의 지원망을 이루는 위와 같은 분들의 주소, 전화번호. e-mail 주소를 알아두고 이들이 어느 정도로 부모를 도와줄 의사가 있으며 어떠한 도움을 제공해 줄 수가 있는가를 파악해 둔다.

이렇게 해 놓음으로써 앞으로 필요할 때 이분들에게 어떠한 도움을 요청할 수 있는가를 알 수 있다. 이분들에게 편지나 e-mail을 해서 정중히 인사를 하고 머지않아 방문하여 인사를 하겠다는 뜻을 전한다.

이분들에 대한 다음 사항들도 알아두는 것이 좋다.

* 현재 어떤 내용의 도움을 제공해 주고 있는가?
* 부모를 수시로 방문해서 도와드리도록 부탁을 할 수 있는가?
* 부모의 생활상황을 수시로 점검해서 나에게 알려 줄 수 있는 분인가?
* 부모와 식사나 외출을 같이하도록 부탁할 수 있는가?

* 부모가 믿을 수 있는 분으로서 부모의 금전 출납을 돕고 각종 요금청
  구서를 나에게 보내 줄 수 있는가?

위와 같은 사항들에 걸쳐 도움을 줄 수 있는 분들에게 자신의
전화번호, 집 주소, e-mail 주소를 알려주고 필요할 때 언제나 수
신인 지급 방법으로 전화를 해달라고 부탁한다. 그리고 부모의 용
태에 관해서 수시로 편지나 전화 또는 e-mail로 연락해 주도록 부
탁한다. 아울러 곧 찾아 인사를 하겠고 도와주어 감사하다는 말을
전하는 것이 옳다.

그런데 부모가 지원망을 가지지 못한 경우가 있다. 부모가 아
는 분들이 세상을 떠났거나 다른 지역으로 이사 갔을 경우가 있
다. 이럴 때는 부득이 그 지역의 사회복지관, 노인복지관 또는 노
인봉사단체의 지원을 요청할 수밖에 없다. 그리고는 유료 또는
무료로 지원해 주는 사람을 찾아야 한다.

부모의 의료를 맡은 의료기관의 요원들에 대해서도 다음 사항
을 알아둔다.

* 의사, 간호사, 물리치료사, 사회복지사 및 병원접수담당의 이름, 전화
  번호, 주소, e-mail 주소
* 복용 중인 약을 조제하는 약방의 주소와 전화번호
* 부모가 사용하는 각종 보조기구(휠체어, 재활 용구 등)의 명칭, 수리
  하는 곳의 주소와 전화번호
* 지역 내 보건, 의료, 사회복지 기관들(제공하는 서비스종류, 서비스
  신청방법, 대기기간, 수수료 등)

〈고령자 봉사단체〉

　고령자들의 복리를 위해 봉사하는 집단들과 단체들 가운데는 정부가 지원하는 것도 있지만 민간이 운영하는 비영리단체도 상당수 있다. 이들이 고령자와 가족에게 제공하는 돌봄서비스의 종류가 다양해지고 있다. 그런데 지역에 따라 어떤 종류의 돌봄서비스는 입수할 수가 없는 경우가 있다. 이 때문에 이들 집단과 단체가 제공하는 돌봄서비스에 대해서 사전에 자세히 알아 놓아야 한다.

　먼저 이들의 전화번호, 주소, e-mail 주소를 알아두고 가능하면 오전 일찍 연락해서 정보를 얻는다.

[고령자와 가족을 지원하는 단체와 서비스]

* 지역사회에서 돌봄서비스를 제공하는 곳
　　노인복지관
　　노인요양원
　　노인위탁소
　　노인정
　　공동식사 제공소
　　자원봉사집단
　　기타

* 거택 서비스를 제공하는 곳
   가사를 돌봐주는 서비스
   거택 보건서비스
   노인의 전화
   가정방문 서비스
   동사무소 사회복지담당
   노인지원센터(정보센터)
   기타

   위의 여러 가지 서비스들은 지금 당장에 필요하지 않더라도 앞으로 필요할 수가 있다. 될 수 있으면 이들 공익단체와 집단들의 설립취지와 활동에 찬성해서 이들의 행사에 참여하여 지원하는 것이 좋다.

   오늘날에는 가족의 힘만으로는 떨어져 사는 부모를 보살피기가 힘이 드는 경우가 많아서 이들 가족 밖의 지원자들에 대한 이해와 협조가 필요하게 된다. 즉 변하는 사회환경에서 어른을 존중하기 위해 이러한 노력이 필요하게 되었다. 부모를 돌봄으로써 존중하는 방법이 시대의 변화에 따라 바뀌고 있다.

부록 II   어린이의 부모·선생에 대한 감사 : 어른존중의 시발

우리 문화에서 애독되는 문예 작품과 속담집에서 가장 자주 오르내리는 이야기가 부모 은혜와 이에 대한 감사일 것이다. 이러한 감사는 부모를 존중하는 가치를 조성하는 긴요한 역할을 한다.

부모 은혜에 대한 감사는 어릴 때부터 시작된다. 그런데 사람은 태어나서부터 고마움을 저절로 표현하는 것은 아니다. 어른으로부터 배워서 하게 된다(이연숙, 2011; Ryan, 1999). 부모가 베푼 고마움―부모의 은혜―에 보답하는 첫 번째 행동은 "아버님, 어머님 고맙습니다"라는 표현이 되겠다.

아이는 집안에서 자라면서 부모로부터 칭찬과 훈계를 받아 가며 받은 은혜에 대해 '고맙다'라는 말을 하도록 사회화되며 학교에 들어가서 이런 표현을 바르게 하도록 교육을 받는다(한국청소년개발원, 2011; Rice, 1984).

감사하는 사람은 은혜를 베푼 사람과 자신이 가진 것을 나누어 가지며, 그에게 도움을 주려는 친사회적 행동을 하게 된다(김인자 외 2008: 646). 게다가 그 사람에게 관심을 가지고, 그를 중요시하며, 그를 존중하는 도덕적인 성품을 함양하게 된다.

즉 감사하도록 아동을 사회화 및 교육함으로써 그가 다른 사람과 공생하며 남을 존중하는 성품을 함양하는 기틀을 마련해 줄 수 있다(Lewis, 2005; Ryan, 1999).

부모가 아닌 사람에게도 은혜를 입으면 갚는다. 선생의 경우가 대표적인 예이다. 부모는 자녀를 이 세상에 낳아 양육하지만, 선생은 이 세상에서 살아가는 데 필요한 지혜와 방법을 가르쳐 준다. 그래서 선생님에게도 감사한다. 그럼으로써 위에서 말한 친사회적인 발전과 더불어 선생을 존중하는 가치를 함양하게 된다. 다음에 부모님과 선생님에게 고마움을 전하는 말의 보기를 들어 보고자 한다.

1

"아버님, 어머님 고맙습니다"

부모님의 '은혜에 감사하는 것'은 그분들이 베풀어 주신 은혜에 대해 자라나는 자녀가 보답하는 첫 번째 행동이다. 부모님은 나를 이 세상에 태어나게 하셨고, 사랑으로 길러주시고, 교육시켜 주시고, 사회에 진출하도록 도와주시고, 끝없이 나를 위해 걱정하시며 돌보아 주신다. 그분들의 넓고, 깊고, 조건 없이 베풀어 주시는 은혜는 참으로 귀하고 어지시다.

다음 노래 가사는 바로 이러한 특수한 은혜를 읊고 있다.

"낳으실 제 괴로움 다 잊으시고 기르실 제 밤낮으로 애쓰는 마음
진자리 마른자리 갈아 뉘시고 손발이 다 닳도록 고생하시네.
하늘 아래 그 무엇이 높다 하리요? 어머님의 희생은 가이 없어라."

부모님에게 감사드리는 행동은 어릴 때부터 시작된다. 자라나면서 철이 들어 은혜를 베푼 분들에게 감사하려는 의욕을 가지게 된다. 아울러 가정에서 그 은혜에 대하여 '고맙습니다'라고 하도록 배우며, 학교에 들어가서 고맙다는 뜻을 나타내는 예절을 배우게 된다. 부모님에게 고맙다는 마음을 언제나 가슴속 깊이 품고 '부모님 고맙습니다'라는 표현을 할 수 있다. 이렇게 하는 것이 자라나는 사람들이 부모님을 존중하며 예절을 지키는 첫 번째 행동이 된다.

때와 장소에 따라 다음과 같은 '고맙습니다'의 표현을 실행할 수 있다.

[다음 대부분은 조부모님에게도 드릴 수 있다.]

[실행]

부모님

* 저를 낳아 주셔서 고맙습니다
* 저를 사랑으로 길러주셔서 고맙습니다
* 저에게 먹을 것과 마실 것을 주셔서 고맙습니다
* 저에게 입을 것을 주셔서 고맙습니다
* 제가 살 집과 이부자리를 마련해 주셔서 고맙습니다
* 제가 아플 때 돌보아 주셔서 고맙습니다
* 저의 몸을 건강토록 잘 돌보라고 타일러주셔서 고맙습니다
* 저의 건강을 위해 음식을 골고루 먹도록 가르쳐주셔서 고맙습니다
* 제가 위험한 곳에 가지 않도록 일러주셔서 고맙습니다
* 제가 위험한 장난을 하지 않도록 주의를 시켜주셔서 고맙습니다
* 교통규칙을 잘 지켜 안전하게 학교에 가고 오도록 지시해 주셔서 고맙습니다
* 학교에 가고 오는 길에서 문제가 생기면 즉시 부모님께 연락하라고 일러주셔서 고맙습니다
* 학교에 갈 때 외모를 단정하게 해서 가도록 도와주셔서 고맙습니다
* 제가 공부하도록 뒷바라지를 해 주셔서 고맙습니다
* 선생님의 말씀을 따르도록 일러주셔서 고맙습니다
* 선생님에게 공손하게 인사하고 바르게 말하도록 주의 주셔서 고맙습니다
* 학교규칙을 잘 지키도록 타일러주셔서 고맙습니다
* 학교에서 좋은 친구들과 어울리도록 충고해주셔서 고맙습니다
* 다른 학생을 따돌리지 말라고 주의를 시켜주셔서 고맙습니다
* 다른 사람을 절대 때리지 말라고 타일러주셔서 고맙습니다
* 다른 사람과 싸우지 말라고 주의를 시켜주셔서 고맙습니다
* 모든 사람에게 예의 바르게 행동하도록 가르쳐주셔서 고맙습니다
* 이웃 어르신을 존경하도록 가르쳐주셔서 고맙습니다
* 나의 생활환경을 정돈하고 깨끗이 하라고 주의 주셔서 고맙습니다
* 어려움을 참고 헤쳐 나갈 수 있어야 한다고 가르쳐주셔서 고맙습니다
* 돈을 아껴 쓰라고 타일러주셔서 고맙습니다
* 저를 위해 끊임없이 사랑으로 걱정해 주셔서 고맙습니다

[부모님에게 감사하는 이유]

〈간추림〉

* 나를 낳아 주심
* 나를 사랑해 주심
* 나에게 의식주를 마련해 주심
* 나를 길러 주심
* 나를 위해 공부를 시켜주심
* 나의 학교생활을 지도해 주심
* 내가 건강하도록 이끌어 주심
* 내가 아플 때 돌보아 주심
* 내가 안전하도록 걱정해 주심
* 나에게 예절을 가르쳐 주심
* 친구들과 잘 어울리도록 일러 주심
* 남에게 폭행하지 않도록 주의를 시켜주심
* 남을 따돌리지 말도록 주의를 시켜주심
* 나의 생활환경을 깨끗이 하도록 일러주심
* 나를 위해 끊임없이 걱정해 주심

나는 부모님에게 위와 같이 감사하기 때문에

* 부모님을 존중합니다
* 부모님을 기쁘게 해 드립니다
* 공부를 열심히 합니다.
* 부모님의 말씀을 잘 듣습니다
* 부모님에게 걱정을 끼치지 않습니다

2

"선생님 고맙습니다"

부모가 아닌 분들에게도 은혜를 입으면 고마운 마음을 간직하고 이를 갚으려 한다. 선생님이 바로 그런 분이다. 부모님은 나를 이 세상에 낳아 길러 주시지만, 선생님은 내가 이 세상에서 살아가는 데 필요한 지식과 방법을 가르쳐 주신다. 선생님은 나의 부모님 은혜에 못지않게 나에게 큰 은혜를 베풀어 주신다. 따라서 선생님에게도 마음에서 우러나오게 고맙다는 말씀을 드린다.

[주: 우리 문화에서는 선생님이 제자에게 베푸시는 은혜에 감사하는 것을 매우 중요한 가치로 삼고 있다. 이런 가치는 우리를 비롯한 아시아의 중국, 일본, 인도, 태국 등 나라들에서도 공통으로 지켜지고 있다.]

나는 선생님에게 언제나 고맙다는 마음을 간직하고 때와 장소에 따라 다음과 같은 '고맙습니다'의 표현을 실행한다.

[실행]

선생님

[어른 앞에서는 나를 '저' 또는 '제'라고 함]

* 저를 돌보아 주셔서 고맙습니다
* 저에게 새로운 지식을 가르쳐주셔서 고맙습니다
* 제가 살아가는데 필요한 지혜와 방법을 가르쳐주셔서 고맙습니다
* 저에게 공부하는 방법을 가르쳐주셔서 고맙습니다

* 제가 공부를 게을리하지 않도록 타일러주셔서 고맙습니다
* 제가 어려움을 당할 때 헤쳐 나가도록 격려해 주셔서 고맙습니다
* 제가 올바른 사람이 되도록 지도해 주셔서 고맙습니다
* 제가 예의를 지키도록 이끌어 주셔서 고맙습니다
* 제가 부모님의 말씀을 잘 지키도록 타일러주셔서 고맙습니다
* 제가 어른을 공경하도록 가르쳐주셔서 고맙습니다
* 제가 바른말과 행동을 하도록 주의를 시켜주셔서 고맙습니다
* 선생님의 모범을 본받도록 저에게 보여 주셔서 고맙습니다
* 저에게 꾸지람을 주시며 올바르게 학교생활을 하도록 지도해 주셔서 고맙습니다.
* 제가 학교의 규칙을 잘 지키도록 지도해 주셔서 고맙습니다
* 제가 학교로 오고 가는 길에 교통규칙을 잘 지켜 안전하도록 주의를 시켜주셔서 고맙습니다
* 학교 안과 밖에서 어려운 일이 생길 때는 선생님에게 연락하여 도움을 받으라고 일러주셔서 고맙습니다
* 저의 몸을 잘 돌보도록 타일러주셔서 고맙습니다
* 제가 아플 때 돌보아 주셔서 고맙습니다
* 체육을 통해서 저의 몸을 건강하게 해주셔서 고맙습니다
* 위험한 곳에 가지 않도록 주의를 시켜주셔서 고맙습니다
* 친구들과 다정하게 어울리도록 저를 인도해 주셔서 고맙습니다
* 다문화가정 친구들과 잘 어울리도록 타일러주셔서 고맙습니다
* 다른 사람을 따돌리지 말도록 지시해 주셔서 고맙습니다
* 교우들과 싸우지 않도록 타일러주셔서 고맙습니다
* 남에게 폭력을 행사하지 않도록 훈도해 주셔서 고맙습니다
* 집이 어려운 친구를 돌보아 주도록 가르쳐주셔서 고맙습니다
* 어려운 이웃 어르신을 도와드리도록 지시해 주셔서 고맙습니다
* 어린이, 장애인, 환자를 돌보도록 타일러주셔서 고맙습니다
* 모든 생명체(동물, 나무, 풀, 꽃)를 보호토록 주의를 시켜주셔서 고맙습니다
* 우리가 사는 자연환경을 보호토록 가르쳐주셔서 고맙습니다

[선생님에게 감사하는 이유]

〈간추림〉

* 나에게 새로운 지식을 가르쳐주심
* 살아가는 데 필요한 지혜와 방법을 가르쳐주심
* 나에게 공부하는 방법을 가르쳐주심
* 학교규칙을 지키도록 이끌어 주심
* 나에게 예절과 도의를 가르쳐 심
* 내가 건강하도록 지도해 주심
* 내가 안전하도록 인도해 주심
* 이웃을 위해 봉사하도록 지도해 주심
* 어르신, 장애인, 어린이들 돌보도록 타일러주심
* 다문화가정 학생과 잘 어울리도록 지도해 주심
* 남을 따돌리지 않도록 가르쳐주심
* 남과 싸우지 않도록 주의를 시켜주심
* 남에게 폭행을 가하지 않도록 훈시를 주심
* 동식물을 애호하도록 가르쳐주심
* 자연환경을 보호토록 인도해 주심

나는 선생님에게 위와 같이 감사하기 때문에

* 선생님을 기쁘게 해 드립니다
* 선생님을 존중합니다
* 공부를 열심히 합니다
* 선생님의 말씀을 잘 듣습니다
* 선생님에게 걱정을 끼치지 않습니다

어린이는 위와 같은 쉬운 표현인 감사하는 데서 시작함으로써 도덕적인 성품을 싹트게 할 수 있다. 이런 성품을 간직하여 이타

적인 행동을 시작함으로써 다른 사람을 존중하고, 그의 사정을
배려하고, 그에게 봉사하고, 그에 대한 예의범절을 지키며 친사
회적 행동을 하게 된다(이희경, 2010; 김인자 외, 2004).

이렇게 하여 어른존중의 기틀을 마련하게 되는 것이다.

참고문헌

[국내 문헌]

강영숙, 1990, 누구나 알아야 할 생활예절, 문학 아카데미.

금장태, 2012, 퇴계평전: 인간의 길을 밝혀준 스승, 지식과 교양.

금장태, 2001, 퇴계의 삶과 철학, 서울대학교 출판부.

김낙진, 2004, 의리의 윤리와 한국의 유교 문화, 집문당.

김시우, 2008, 성경적 효 입문, 다시랑.

김인자 외, 2008, 긍정심리학, 물푸레.

김은아, 이용남, 2012, 퇴계의 교육적 자아실현연구, 교육과학사.

김정, 이만형, 2000, 예절교육, 한국전례원.

김창훈, 2003, 국제예절과 생활에티켓, 샘터사.

김태환, 1982, 사회학적인 견지에서 본 한국인의 국민성, 국민윤리, 8, 정신문화연구원.

나은영, 차유리, 2010, 한국인의 가치관 변화 추이, 한국심리학회지: 사회와 성격, 24(4), 63-93.

남상민, 2003, 예절학, 박영사.

남석인 외, 2018, 사회복지사의 비윤리적 행위에 대한 대응체계 개발, 한국사회복지행정학, 20(4), 139-174.

논어(論語), 1997, 이가원 감수, 홍신문화사.

도성달, 2013, 윤리, 세상을 만나다, 한국중앙연구원.

도성달, 2012, 서양 윤리학에서 본 유학, 한국중앙연구원.

류승국, 1995, 효와 인륜 사회. 효사상과 미래사회, 한국정신문화연구원.

맹자(孟子), 1994, 이가원 감수, 홍신문화사.

박종홍, 1960, 퇴계의 인간과 사상. 국제문화연구소, 世界 2권, 4호.

백낙준, 1963, 한국의 현실과 이상, 서울: 동아 출판사.

성규탁, 2011, 어른을 존중하는 중국, 일본, 한국 사람들: 새 시대의 실천방식, 한국학술정보사.

성규탁, 2010, 한국인의 효 I권, II권, III권, IV권, V권, 한국학술정보사.

성규탁, 2005, 한국인의 효, 집문당.

손인수, 주채혁, 조석호, 조대희, 민병주, 1977, 한국인의 인간관, 삼화서
    적주식회사.

손인수, 1992, 한국인의 가치관, 교육 가치관의 재발견, 문음사.

손인수, 1976, 한국유학 사상과 교육, 삼일각.

손인수 외, 1977, 한국인의 인간관, 삼화서적주식회사.

송복, 1999, 동양의 가치란 무엇인가: 논어의 세계, 미래인력연구센터.

송성자, 1997, 한국문화와 가족치료, 한국사회복지학, 32, 160-180.

신용하, 2004, 21세기 한국사회와 공동체 문화, 집문당.

안옥선, 2002, 불교 윤리의 현대적 이해, 불교시대사.

안호상, 1964, 단군의 후예, 한국의 발견 (현대인강좌 별권), 박우사.

양승이, 2010, 한국의 상례, 한길서적.

엄예선, 1994, 한국가족치료개발론, 홍익제.

예기(禮記), 1993, 권오순 역해, 홍신문화사.

유병용, 신관영, 김현철, 2002, 유교와 복지, 백산서당.

윤사순, 2016, 퇴계선집, (14쇄). 현암사.

윤성범, 1977, 현대와 효도, 을유문화사.

윤태림, 1970, 한국인의 의식구조, 서울, 문음사.

율곡전서(栗谷全書).

이광규, 1981, 한국가족의 심리문제, 일지사.

이부영, 1983, 한국인의 성격의 심리학적 고찰, 한국인의 윤리관, 한국정
    신문화연구원.

이상은, 1965, 퇴계의 생애와 학문, 예문서원. 107-124.

이연숙, 2011, 체험주의의 초등 도덕교육에 대한 함의연구, 초등교육연구,
    24(3), 51-72.

이이환, 송유진, 2008, 생활 속의 심리, 청목출판사.

이정덕, 1981, 한국에서의 이상적 가족에 관한 구세대와 신세대의 다른
    가치관에 관한 비교연구, 성곡논총.

이중표, 2010, 현대와 불교사상, 전남대학교출판사.

이혜자, 김윤정, 2004, 부부관계가 노년기 삶의 질에 미치는 영향, 한국노
    년학, 24(4), 197-214.

이황(李滉), 윤사순 역주, 2014, 퇴계선집, 현암사.

이황(李滉), 이광호 옮김, 1987, 성학십도(聖學十圖), 홍익출판사.

이황(李滉), 장기근 역해, 2003, 퇴계집(退溪集), 홍신문화사.

이희경, 2010, 유아교육 개론, 태양출판사.

임태섭, 1994, 체면의 구조와 체면 욕구의 결정요인에 대한 연구, 한국언론학보 32호, 207-247.

조지훈, 오세균, 양철호, 2012, 아시아 4개국의 노인부양의식 및 노인부양행위에 관한 비교연구, 사회연구, 통권 22호, 7-42.

중용(中庸), 2008, 박완식 편저, 여강.

차재호, 1983, 한국인의 부정적 성격에 대한 종교학적 고찰, 한국인의 윤리관, 한국정신문화연구원.

최문형, 2000, "동학사상에 나타난 민족통일이념 연구", 남북한 민족공동체의 지속과 변동, 교육정책연구 2000-지-1, 교육인적자원부, 111.

최문형, 한국전통사상의 탐구와 전망, 2004, 경인문화사, 336-348.

최상진, 유승엽, 1992, 한국인의 체면에 대한 사회심리학적 분석, 한국심리학회지: 사회 및 성격, 6(2), 137-157.

최상진, 2012, 한국인의 심리학. 학지사.

최재석, 1983, 한국인의 사회적 성격, 개문사.

한국문화재보호협회, 1988, 우리의 전통예절.

한국사회복지사협회, 2008, 윤리강령, 실천가이드북.

한국청소년개발원, 2011, 청소년 심리학, 교육과학사.

한형수, 2011, 한국사회 도시 노인의 삶의 질 연구, 청록출판사.

홍경준, 1999, 복지국가 유형에 관한 질적 분석: 개인주의, 자유주의, 그리고 유교주의 복지국가, 한국사회복지학, 38, 309-335.

황영우, 2011, 간추린 한국사, 일지사.

황진수, 2011, 노인복지론, 공동체.

효경(孝經), 1989, 박일봉 편역, 육문사.

[외국문헌]

Blackstone, A., 2016. Commentaries on the laws of England. Philadelphia: Lippincott. Vol. 1, Bk. 1, Ch. 8, Sec. 1.

Brown, P., & Levinson, S. C. 1987. Politeness: Some universal language usage. New York: McMillan.

Chow, N., 1995. Filial piety in Asian Chinese. Paper presented at 5th Asia/Oceania Regional Congress Gerontology, Honk Kong, 20 November.

Dillon, R. S., 1992. Respect and care: Toward moral integration. Canadian Journal of Philosophy 22.

Downie, R. S., & Telfer, E., 1969. Respect for persons. London: Allen and Unwin.

Gambrill, E., 1983. Casework: A competency-based approach. Englewood Cliffs, NJ: Prentice-Hall.

Ghusn, H. M., Hyde, D., Stevens, E. S., Hyde, M., & Teasdale, T. A., 1996. Enhancing life satisfaction in later life: What makes a difference for nursing home residents? Journal of Gerontological Social Work 26, 27-47.

Gibbard, A., 1990. Wise choices, apt feelings. Cambridge, MA: Harvard University Press.

Gouldner, A., 1960. The norm of reciprocity: A preliminary statement. American Sociological Review 25, 161-178.

Hagiwara, S., 2009. Japanese young adults and respect: Exploration of forms and expressions. Graduate School of Social Well-Being Studies, Hosei University, Tokyo, Japan.

Harper, S., 1992. Caring for China's ageing population. Ageing and Society 12, 157-184.

Ingersoll-Dayton, B., & Sangtienchai, C., 1999. Respect for the elderly in Asia: Stability and change. Journal of Aging and Human Development 48, 113-130.

Kant, I., 1964. (Gregor, M. J. trans.). Doctrine of right: The metaphysics of morals, II. New York: Harper.

Lewis, B., 2005. Teaching gratitude in the early years—When do kids get it? Minneapolis, MN: Free Spirit Publishing.

Makizono, K., 1986. The perspectives of modern youth on the aged(Gendai Seinen no Ronenkan). Problem of Adolescence (Seishonen Mondai) 33: 4-13.

Mehta, K., 1997. Respect redefined: Focus group insights from Singapore. International Journal of Aging and Human Development 44, 205-219.

Meyer, J. F., 1988. Moral education in Taiwan. Comparative Education Review 32, 20-38.

National Association of Social Workers, 2000. Code of Ethics. Washington, D. C.

Palmore, E. B., & Maeda, D., 1985. The honorable elders revisited. Durham, NC: Duke University Press.

Reichel, W., 1995. Care for the elderly: Clinical aspect of aging. Baltimore: Wilkins & Wilkins.

Rice, E. P., 1984. The adolescent: Development, relationships, and culture. Boston: Allyn & Bacon.

Rogers, C., 1961. On becoming a person, Boston: Houghton Mifflin.

Roland, A., 1988. In Search of Self in India and Japan. Princeton University Press.

Ryan, M. J., 1999. Attitudes of gratitude. San Francisco: Conari.

Singapore Ministry of Community Development, 1996, Report of Advisory Council on the Aged. Singapore, The Author.

Soeda, Y., 1978. Shutaitekina ronenzo o matomete. Gendai no Esprit 126: 5-24.

Streib, G. F., 1987. Old age in sociocultural context: China and the United States. Journal of Aging Studies 7, 95-112.

Sung, K. T., 1990. A new look at filial piety: Ideals and practice of family-centered parent care in Korea. The Gerontologist 30, 610-617.

Sung, K. T., 1991. Family-centered informal support networks of Korean elderly: Resistance of cultural traditions, Journal of Cross-cultural gerontology 6, 432-447.

Sung, K. T., 1992. Motivations for parent care: The case of filial children in Korea. International Journal of Aging and Human Development 34, 179-194.

Sung, K. T., 1995. Measures and dimensions of filial piety. The Gerontologist 35, 240-247.

Sung, K. T., 2001. Elder respect: Exploration of ideals and forms in East Asia. Journal of Aging Studies 15, 13-26.

Sung, K. T., 2004. Elder respect among young adults: A cross-cultural study of Americans and Koreans. Journal of Aging Studies 18. 215-230.

Sung, K. T., 2007. Respect and care for the elderly; The East Asian Way. Lanham, MD: University Press of America.

Sung, K. T., & R. E. Dunkle, 2009. How social workers demonstrate respect for elderly clients. Journal of Gerontological Social Work 53: 250-260.

Sung, K. T., & Kim, H. S., 2003. Elder respect among young adults: Exploration of behavioral forms in Korea. Aging International 28, 279-294.

Ting-Toomey, S., Gao, G., Trubisky, P., Yang, Kim, H. K., Lin, S. L., & Nishida, T., 1991. Culture, face maintenance, and styles of handling interpersonal conflict: Study in five cultures. International Journal of Conflict Management 2(4), 275-296.

Xie, X, Defrain, J., Meredith, W., & Combs, R., 1996. Family strengths in the People's Republic of China. Internat'l Journal of Sociology of the Family 26, 17-27.

Yan, G., 2007. Elder respect among Chinese young adults. School of Business Administration, Shanghai University, The People's Republic of China.

찾아보기

성규탁(成圭鐸, Kyu-taik Sung)

충북 청주중학교 & 고등학교 졸업
서울대학교 문리과대학 & 대학원 졸업(BA, MA)
3.1 문화재단사무국장
University of Michigan 사회사업대학원 졸업(MSW)
University of Michigan 대학원 졸업(Ph.D.)
(전) University of Wisconsin-Madison 사회사업대학원 교수
연세대 사회복지학과 교수[창립시 학과장]
연세대 사회복지연구소 초대소장
University of Chicago Fellow(동아시아 가족 및 사회복지 행정 연구)
한국사회복지학회장, 한국노년학회장
e-mail: sung.kyutaik@gmail.com

〈연세대 은퇴〉

Michigan State University 사회사업대학원 전임교수
University of Southern California 사회사업대학원
　　석좌교수(Frances Wu Endowed Chair Professor)
　　(동아시아 가족복지 및 사회복지 행정 연구)
University of Michigan 사회사업대학원 초빙교수
Elder Respect, Inc. (敬老會) 대표

〈귀국〉

사회복지교육실천포럼 대표
한국복지경제연구원 효문화연구소 대표
한국사회복지사협회 원로회 공동위원장
서울 중화노인복지관 운영위원장
서울 강남 시니어 클럽(노인 일자리 마련 기관) 운영위원장

〈저서(국문): 효 관련〉

새 時代의 孝 (연세대 출판부) (연세대학술상 수상) 1995
새 시대의 효 Ⅰ (문음사) (아산효행상 수상) 1996
새 시대의 효 Ⅱ (문음사) (문화공보부 추천도서) 1996
새 시대의 효 Ⅲ (문음사) 1996
현대 한국인의 효 (집문당) (한국학술원 선정 우수도서) 2005
한국인의 효 Ⅰ (한국학술정보사) 2010
한국인의 효 Ⅱ (한국학술정보사) 2010

한국인의 효 Ⅲ (한국학술정보사) 2010
한국인의 효 Ⅳ (한국학술정보사) 2010
한국인의 효 Ⅴ (한국학술정보사) 2010
어른을 존중하는 중국, 일본, 한국 사람들 (한국학술정보사) 2011
어떻게 섬길까?: 동아시아인의 에티켓 (한국학술정보사) 2012
한국인의 서로 돌봄: 사랑과 섬김의 실천 (한국학술정보사) 2013
부모님, 선생님 "고맙습니다"로 시작하는 효 (한국학술정보사) 2013
한국인의 세대 간 서로 돌봄: 전통-변천-복지 (집문당) 2014
한국인의 효에 대한 사회조사 (지문당) 2015
효행에 관한 조사연구 (지문당) 2016
효, 사회복지의 기틀: 퇴계의 가르침 (문음사) 2017
부모님을 위한 돌봄: 사적 돌봄과 공적 돌봄의 연계 (한국학술정보사) 2019

〈저서(국문): 사회복지 관련〉

사회복지 행정론 (법문사)
사회복지 행정론 (역서) (한국사회개발연구원)
산업복지론 (박영사)
정책평가 (공저) (박영사)
사회복지조직론 (역서) (박영사)
사회복지사업관리론 (역서) (법문사)
사회복지 임상 조사 방법론 (공저) (법문사)
사회복지실천평가론 (법문사) 외

〈저서(영문)〉

Care and respect for the elderly in Korea: Filial piety
    in modern times in East Asia. Seoul: Jimoondang, 2005
Respect and care for the elderly: The East Asian way.
    Lanham, MD: University Press of America. 2007
Respect for the elderly: Implications for human service
    providers. Lanham, MD: University Press of America. 2009
Advancing social welfare: Challenges and approaches.
    Seoul: Jimoondang, 2011

〈논문(국내)〉

사회복지학회지
연세사회복지연구
사회복지
한국정신문화연구원논총
한림과학원 총서

승곡논총
한국노년학
노인복지정책연구총서 등에 발표

〈논문(외국)〉

Journal of Social Service Research
Administration in Social Work
International Social Work
Society and Welfare
Social Indicators Research
Journal of Family Issues
Journal of Applied Social Sciences
Journal of Poverty
The Gerontologist
Journal of Aging Studies
International Journal of Aging & Human Development
Journal of Gerontological Social Work
Journal of Elder Abuse & Neglect
Journal of Cross-Cultural Gerontology
Journal of Aging & Social Policy
Educational Gerontology
Ageing International
Journal of Aging and Identity
Journal of Aging, Humanities, and the Arts
Journal of Religious Gerontology
Hong Kong Journal of Gerontology
Australian Journal on Ageing
The Southwest Journal of Aging
International Journal of Social Research & Practice: Dimentia
Public Health Reports
Public Health Review
Health and Social Work
Studies in Family Planning
Children and Youth Service Review
Child Care Quarterly
Child Welfare 등에 발표

한국인의 어른에 대한 올바른 존중
유교의 전통과 현대의 표현

초판인쇄   2019년 5월 24일
초판발행   2019년 5월 24일

지은이   성규탁
펴낸이   채종준
펴낸곳   한국학술정보㈜
주소   경기도 파주시 회동길 230(문발동)
전화   031) 908-3181(대표)
팩스   031) 908-3189
홈페이지   http://ebook.kstudy.com
전자우편   출판사업부 publish@kstudy.com
등록   제일산-115호(2000. 6. 19)

ISBN   978-89-268-8828-5 93330